IMPARO A PROGRAMMARE

con C# - parte I

Un approccio pratico
con metodologia "Object First"

IMPARO A PROGRAMMARE
con C# - parte I

Un approccio pratico
con metodologia "Object First"

Roberto Bandiera

2023

First Printing: march 2021 – rev. 1

Second Printing: may 2023 - rev. 2

Prima Edizione: marzo 2021 – rev. 1

Seconda Edizione: maggio 2023 - rev. 2

Versione Stampata – ISBN 978-1-71679-929-7

Imprint: Lulu.com

Castelfranco Veneto (TV), Italia

http://robertobandiera.altervista.org

robertobandiera@altervista.org

Indice

Ringraziamenti

Un grande ringraziamento va al prof. Alessandro Barbaro per l'incoraggiamento e i preziosi suggerimenti che hanno accompagnato il lavoro di realizzazione di questo libro, al prof. Francesco Paolo Giglia per il prezioso confronto con la sua visione metodologica didattica e per aver costantemente instillato negli studenti e anche nel sottoscritto la sua esperienza professionale, e al prof. Valentino Trentin che per diversi anni è stato compagno di sperimentazioni didattiche.

Prefazione

Questo lavoro nasce come supporto alle lezioni del terzo e quarto anno del corso di Informatica del diploma di Tecnico Informatico svolte all'ITT "Barsanti" di Castelfranco Veneto (TV), dove attualmente l'autore insegna Informatica.

L'approccio didattico che prevede di introdurre in modo pratico i concetti di base della programmazione ad oggetti sin dall'inizio del percorso di apprendimento è ispirato al lavoro di ricerca di Michael Kölling [1], che proponeva BlueJ come ambiente di apprendimento del linguaggio Java.

Sin dal 2002, con il prezioso supporto del prof. Valentino Trentin, il sottoscritto ha iniziato a sperimentare con risultatti soddisfacenti la metodologia didattica "Object First" di Michael Kölling.

L'autore: Bandiera Roberto si laurea a Padova nel 1990 e poi consegue il dottorato in Ingegneria Informatica nel 1994, il suo campo di ricerca era l'Information Retrieval. Insegna da diversi anni Informatica e anche Sistemi e Reti all'Istituto Tecnico Tecnologico "E. Barsanti" di Castelfranco Veneto (TV). La sua esperienza nell'insegnamento ha ormai trent'anni. E' stato anche per 5 anni tutor dei corsi di Basi di Dati dell'Università di Padova per i corsi di Laurea Breve in Ingegneria Informatica.

Il suo curriculum dettagliato è visibile nel sito http://robertobandiera.altervista.org/

[1]Kölling, M. and Rosenberg, J., *Guidelines for Teaching Object Orientation with Java*, Proceedings of the 6th conference on Information Technology in Computer Science Education (ITiCSE 2001), Canterbury, 2001

Introduzione

Obiettivi: questo lavoro è finalizzato ad apprendere una metodologia per affrontare la programmazione di un computer ed in generale di un dispositivo programmabile: per concretizzare l'esperienza viene proposta la realizzazione di applicazioni desktop, con interfaccia testuale e con interfaccia grafica.
Viene utilizzato il linguaggio C#. Si tratta di un linguaggio "fortemente tipizzato" che obbliga il programmatore ad esercitare una rigorosa disciplina di pensiero, che gli consentirà di affrontare in modo agevole, e con spirito critico, anche altri linguaggi di programmazione dotati di "tipizzazione dinamica".

Prerequisiti: il testo è appositamente approntato per un principiante che intende avvicinarsi alla disciplina della programmazione dei computer.
Via via che si procede nella lettura, il livello degli argomenti presentati cresce e i contenuti diventano adatti ad un programmatore di livello intermedio.

Metodologia: Si comincia subito con l'approccio "ad oggetti" in modo da abituare il neo-programmatore a pensare il programma come sistema di componenti, descritti opportunamente dal Diagramma delle Classi (standard UML).
Gli elementi del linguaggio vengono introdotti man mano e trovano immediata applicazione nei progetti di sviluppo software proposti nel testo.
Dopo aver trattato gli aspetti fondamentali della programmazione orientata agli oggetti, vengono presentati anche gli elementi del linguaggio C# di natura "funzionale", che attualmente sono parte integrante dei moderni linguaggi di programmazione.
Il filo conduttore del percorso didattico è arricchito da numerosi riquadri di chiarimento e di approfondimento dei contenuti

presentati. Essi costituiscono un importante corollario di informazioni di cui un programmatore deve impossessarsi per ampliare il proprio bagaglio tecnico.
Lo sviluppo degli algoritmi di calcolo viene guidato suggerendo una adeguata metodologia di analisi e verifica.

Mani all'opera: Per facilitare il lettore nel suo processo di apprendimento, il testo è continuamente corredato da esercizi da svolgere e domande di riflessione.
Per imparare a programmare è fondamentale fare molto esercizio pratico!!!

Strumenti di lavoro: Si consiglia di utilizzare lo strumento integrato di sviluppo Visual Studio Community Edition di Microsoft (liberamente scaricabile) e per piccoli test interattivi anche il sito https://dotnetfiddle.net.

Struttura del volume: Il volume è suddiviso in due parti essendo pensato per il terzo anno (parte I) e il quarto anno (parte II) del corso di studi di Informatica.
Nella I parte si affrontano i primi concetti della programmazione ad oggetti e gli algoritmi di base su semplici strutture dati in memoria. Si arriva ad affrontare alcuni algoritmi di una certa complessità come l'allineamento di stringhe e alcuni algoritmi su grafi.
Nella II parte si sviluppano i concetti più importanti della programmazione ad oggetti, fino ad arrivare ad elementi di programmazione di ordine superiore.

Download: il codice degli esempi è scaricabile dal sitohttp://robertobandiera.altervista.org/LibroImparoAProgrammare

1. La programmazione dei computer

Il lavoro del programmatore di computer ha a che fare con una vastità di aspetti associati allo sviluppo di un programma; si va dalle operazioni elementari da far eseguire al processore fino ai livelli di astrazione più alti del problema da risolvere[2]:

Dominio
del Problema
Modello
Formale
Algoritmi
Rappresentazione
in Memoria
Istruzioni Macchina

La piramide delle preoccupazioni del programmatore

1. Partendo dal livello più alto di astrazione, c'è la comprensione del Dominio del Problema; il programmatore deve documentarsi per conoscere bene il problema che si accinge ad affrontare.
2. Tale comprensione del problema consente al programmatore di produrre una descrizione formale, ovvero un Modello Formale, del problema stesso,

[2] Roman Elizarov, "Application Programming Language", 26 giugno 2019, https://medium.com/@elizarov/application-programming-language-ff7f0063c16

utilizzando i costrutti (concetti sostanziali) forniti dal linguaggio di programmazione utilizzato.

3. Il programmatore risolve il problema scrivendo appositi Algoritmi di calcolo.
4. Gli algoritmi di calcolo prevedono l'utilizzo di dati che devono essere opportunamente Rappresentati nella Memoria del computer.
5. Gli algoritmi di calcolo devono, alla fine, essere tradotti in Istruzioni Macchina, per poter essere eseguiti dal computer.

Un programmatore non è generalmente in grado di conoscere ed occuparsi di tutti i dettagli che riguardano il suo programma, dal problema alle istruzioni macchina.

Un esperto di istruzioni del linguaggio macchina non si occupa del dominio di un problema applicativo e viceversa, un programmatore di software applicativo non entra nei dettagli della rappresentazione in memoria dei dati e nemmeno nella traduzione delle istruzioni degli algoritmi in istruzioni macchina.

Di conseguenza, per i diversi livelli di interesse ci sono diversi tipi di linguaggi di programmazione:

- Linguaggi specifici per un dominio di applicazione (domain specific language) come SQL (per la gestione di database), R per la statistica e il "machine learning". Questi linguaggi si concentrano sul problema specifico da risolvere senza chiedere al programmatore di occuparsi degli algoritmi.
- Linguaggi applicativi generali (general purpose) che si occupano della soluzione di un problema, rappresentandone la logica e danno al programmatore la possibilità di impostare gli algoritmi di calcolo. In questa categoria rientrano vari linguaggi come C#, Java, Swift, Kotlin, Python.
- Linguaggi di sistema che consentono al programmatore di occuparsi dell'implementazione efficiente degli algoritmi e della ottimizzazione delle strutture dati in memoria. In questa categoria rientrano linguaggi come C e C++.

I linguaggi applicativi generali sono di "alto livello": essi limitano le possibilità di ottimizzazione del codice prodotto, ma consentono al programmatore di concentrarsi sul problema da risolvere liberandolo dalle preoccupazioni di "basso livello", legate ai dettagli implementativi dei suoi algoritmi.

I paradigmi di programmazione

Un Paradigma è un "complesso di regole metodologiche, modelli esplicativi, criteri di soluzione di problemi" (dal dizionario Treccani).

I diversi paradigmi di programmazione, che vengono concretamente applicati mediante appositi linguaggi di programmazione, sono:

- Programmazione **Logica**, con linguaggio Prolog, che si esprime mediante insiemi di fatti e di regole di deduzione. Essa trova impiego nella dimostrazione automatica di teoremi e nei database deduttivi.

- Programmazione **Funzionale**, con linguaggi come Lisp, OCaml, Scala, F#, che esprime un programma come un insieme di funzioni matematiche da calcolare.
  Essa consente di scrivere in modo molto compatto anche programmi piuttosto complessi ed inoltre, grazie al concetto di immutabilità dei valori, consente di sfruttare sistemi multiprocessore per l'esecuzione di calcoli in parallelo.
  L'approccio è **dichiarativo**, in quanto i programmi esprimono "che cosa" si vuole ottenere, senza doversi preoccupare di "come" si deve operare.

- Programmazione **procedurale**, che prevede di esprimere in modo **imperativo** quali operazioni devono essere eseguite e in quale ordine. Essa prevede che un programma sia strutturato come insieme di procedure da eseguire. Un tipico linguaggio è il C.

"The mythical man month"

Il paradigma procedurale non consente di sviluppare in modo agevole progetti complessi.

Nel 1975 Brooks scrisse il famoso libro di ingegneria del software intitolato "The mythical man month" (il mitico mese uomo) nel quale si evidenziavano le difficoltà nel gestire progetti software di una certa complessità.

In particolare si sottolineava che "aumentare il numero di programmatori per accelerare i tempi di realizzazione di un software porta inevitabilmente a difficoltà di gestione del progetto tali da comportarne un allungamento dei tempi di realizzazione".

Questo fatto era dovuto sostanzialmente alle maggiori difficoltà di organizzazione e di dialogo tra i diversi membri del team di sviluppo software.

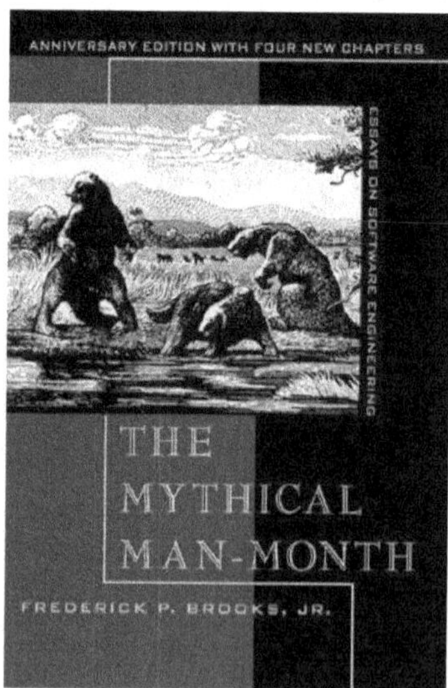

The mythical man-month

- Programmazione **orientata agli oggetti (OOP - Object Oriented Programming),** introdotta sin dagli anni '80 per facilitare la realizzazione di programmi di una certa complessità.
  Secondo questo paradigma, un programma esprime in modo imperativo le operazioni da eseguire, ed è composto di diversi moduli interconnessi, chiamati Classi, che si suddividono i compiti da realizzare.
  In questo modo risulta decisamente più semplice suddividere il lavoro tra i diversi membri del team di sviluppo.
  Inoltre, il riutilizzo di moduli software ben collaudati risulta notevolmente facilitato.
  L'esecuzione del programma produce "oggetti virtuali" che interagiscono tra di loro per effettuare le elaborazioni previste e per rispondere alle richieste dell'utente.
  Alcuni linguaggi sono Smalltalk (linguaggio ad oggetti "puro"), C++, Java, C#, Kotlin, Swift, PHP.

La caratteristica dei moderni linguaggi di programmazione ad oggetti, come il C#, è quella di essere "ibridi": accanto ai concetti della programmazione ad oggetti si trovano alcuni elementi di programmazione funzionale.

Questo arricchisce le possibilità espressive del linguaggio e facilita lo sviluppo di programmi complessi.

Il linguaggio C#

Il linguaggio C# è un linguaggio di programmazione di impiego generale (general purpose), ovvero consente di sviluppare applicazioni di qualsiasi tipo.

Esso è "fortemente tipizzato", ovvero effettua un rigoroso controllo sui tipi dei dati utilizzati e sul loro corretto utilizzo nel codice applicativo.

Concetto di Tipo di dato

In Informatica si precisa la natura dei dati utilizzati nei programmi mediante il concetto di Tipo di Dato.

Il Tipo di un Dato specifica il suo **Dominio**, ovvero l'insieme dei possibili valori che esso può assumere, e le **Operazioni** che possono essere effettuate sullo stesso.

Inoltre vengono stabiliti la dimensione dello spazio richiesto e il formato utilizzato per la memorizzazione dei valori in memoria.

Ad esempio, il tipo **int** rappresenta i numeri interi compresi tra -2.147.483.648 e +2.147.483.647 sui quali si possono fare le operazioni algebriche + - * / %.

I dati di tipo int occupano 32 bit in memoria e sono memorizzati in un formato binario denominato "complemento a due", dove il primo bit a destra rappresenta il segno del numero (0 = +, 1 = -) e i restanti bit ne costituiscono il valore. Ad esempio:

00000000 00000000 00000000 00000111 = +7
11111111 11111111 11111111 11111001 = -7

Questa caratteristica favorisce la scrittura di programmi corretti, in quanto le incongruenze nell'uso dei dati vengono immediatamente segnalate al programmatore.

Altri linguaggi fortemente tipizzati sono Swift, Java e Kotlin.

Tuttavia si stanno diffondendo linguaggi come PHP, Javascript e Python, che invece adottano la cosiddetta "tipizzazione dinamica". Con questi linguaggi si ha maggiore flessibilità e si semplifica la scrittura delle istruzioni; ma i programmi sono soggetti più facilmente ad errori che si verificano a tempo di esecuzione (run time error) ogni volta che si incontrano incongruenze nell'uso dei dati.

Compilatori ed Interpreti

Il programmatore dapprima scrive il codice sorgente (source code) in linguaggio C#, poi esegue un programma speciale, detto **compilatore**, che traduce tale codice sorgente in codice eseguibile e produce così un programma utilizzabile su altri computer.

Nel caso ci siano errori di sintassi, il compilatore interrompe il suo lavoro di traduzione e chiede al programmatore di provvedere alla loro correzione.

Sono "compilati" la maggior parte dei linguaggi: C#, Swift, Java, Kotlin, PHP.

Invece i linguaggi, cosiddetti "interpretati", come javascript e Python, prevedono che la traduzione in codice eseguibile delle istruzioni scritte dal programmatore venga fatta solo nel momento in cui esse devono essere eseguite, a cura del programma detto **interprete**.

La presenza dell'interprete consente di avere una maggiore interattività in fase di scrittura e collaudo del codice. Per contro, gli errori di sintassi vengono individuati solo se capita di eseguire l'istruzione che li contiene; inoltre, il fatto di richiedere l'interpretazione delle istruzioni al momento dell'esecuzione rallenta il lavoro del programma.

Test del programma

Un programma eseguibile, prima di essere distribuito agli utenti finali, deve essere opportunamente collaudato (testing) per verificarne il corretto funzionamento.

Tipicamente si prova ad utilizzare il programma fornendo in input valori di cui si conosce il corretto risultato che il programma dovrebbe produrre in output.

Nell'effettuare i test, il programmatore, o meglio un suo collaboratore, dovrebbe cercare di verificare il programma coprendo il più possibile le diverse casistiche di utilizzo dello stesso.

Conviene che i test li effettui una persona diversa dal programmatore poiché costui potrebbe avere delle reticenze a sottoporre il "suo" programma a test che potrebbero evidenziarne dei difetti!

2. La prima applicazione

Per cominciare, si pensi ad una applicazione che consente di effettuare dei calcoli di tipo geometrico su oggetti di tipo sfera.

L'applicazione potrebbe essere costituita dalla **classe Sfera**, che rappresenta una generica sfera con i suoi dati (attributi) e le sue funzioni di calcolo (metodi).

Classe

Una **classe** è una porzione di codice C# che si occupa di realizzare una parte delle funzioni previste dall'intera applicazione.

La classe può essere vista anche come l'insieme di istruzioni che "modellano" un **tipo di oggetto** che contribuisce a comporre il sistema di oggetti utilizzati da una applicazione.

Pertanto, scrivere una classe equivale a definire un nuovo tipo di dati per l'applicazione.

Ad esempio si immagina di avere sfere con la misura del raggio, come attributo,e con i metodi per calcolare il suo diametro e il suo volume.

La formula per il calcolo del volume è la seguente:

$$V_{\text{sfera}} = \frac{4}{3}\pi r^3$$

Formula del volume della sfera

Inoltre si possono realizzare anche i metodi per variare la dimensione del raggio della sfera: raddoppiarlo e dimezzarlo.

La classe Sfera non si occupa del dialogo con l'utente, a tale scopo viene realizzata la classe Program, che acquisirà in input dei valori da calcolare e fornirà in output i risultati.

La classe Program utilizza ("uses") la classe Sfera come strumento per l'effettuazione dei calcoli richiesti dall'utente.

Essa contiene il metodo Main() predefinito come punto di avvio dell'applicazione.

Il seguente diagramma (diagramma delle classi) descrive la struttura dell'applicazione e ne funge anche da progetto realizzativo.

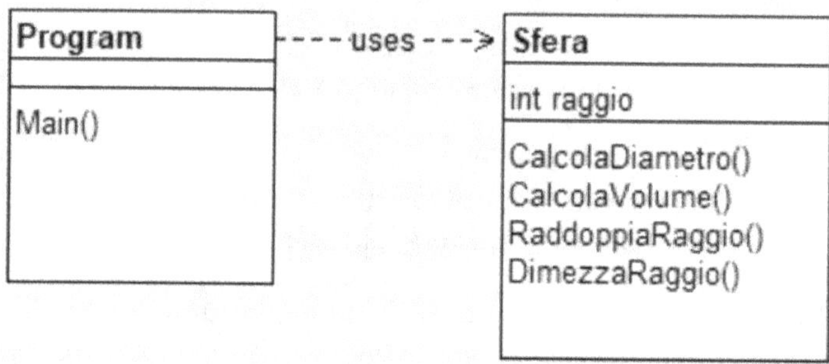

Diagramma delle classi dell'applicazione

Diagramma delle classi

Il **diagramma delle classi** (class diagram) è una rappresentazione grafica standard delle classi che costituiscono una applicazione.
Ogni classe è rappresentata da una tabellina con il suo nome, gli attributi e i metodi che la costituiscono:

Nome della classe
Attributi
Metodi

Le classi sono collegate tra loro da frecce per esprimere le dipendenze tra le stesse, ad esempio "uses" indica che all'interno di una classe si fa uso di oggetti dell'altra classe.

La codifica in linguaggio C# prevede tipicamente un file per ciascuna classe. Innanzitutto si veda il codice della classe Sfera:

Sfera.cs

```
public class Sfera
{
  // attributi
  private int raggio;

  // costruttore:è un metodo speciale che serve per inizializzare
  // i valori degli attributi
  // in input c'è la variabile unRaggio contenente il
  // valore fornito dall'utente
  public Sfera(int unRaggio)
  {
    // assegnazione del valore di unRaggio a raggio
    raggio = unRaggio;
  }

  // metodi di calcolo
  // che agiscono sugli attributi della sfera

  // metodo per calcolare il diametro della sfera
  // il risultato è un numero intero
  public int CalcolaDiametro()
  {
    return raggio * 2;
  }

  // metodo per calcolare il volume della sfera
  // il risultato è di tipo double
  public double CalcolaVolume()
  {
    return 4.0 / 3 * raggio * raggio * raggio * 3.1415926;
  }

  // metodo che modifica il valore del raggio della
  // sfera raddoppiandolo
  // questo metodo non restituisce nessun risultato
  public void RaddoppiaRaggio()
  {
```

```
        raggio = raggio * 2;
    }

    // metodo che dimezza il raggio della sfera
    public void DimezzaRaggio()
    {   // scrivi tu l'istruzione

      ______________________________________________
    }
}
```

Soluzione:

```
public void DimezzaRaggio()
{
  raggio = raggio / 2;
}
```

OSSERVAZIONE: l'**operatore di divisione /** agisce in modo diverso a seconda del tipo degli operandi:

- se viene applicato a due numeri interi: si ottiene la divisione intera, esempio 5 / 2 = 2
- se almeno uno dei due operandi non è intero, si ottiene la divisione reale, esempio 5.0 / 2 = 2.5

Gli attributi e, più in generale, le variabili, sono dei contenitori di dati situati in qualche punto della memoria RAM del computer che sono adibiti a memorizzare i valori che verranno utilizzati nei calcoli effettuati dal programma.

L'operatore **=** non significa uguaglianza, bensì **assegnazione di valore**, ad un attributo, o genericamente, ad una variabile del programma.

Ad esempio:

```
raggio  =  5;      //  assegnazione  del  valore  5  alla
                   // variabile raggio
```

```
raggio    =    unRaggio;        //    assegnazione    del    valore
                     // della variabile unRaggio alla variabile raggio
```

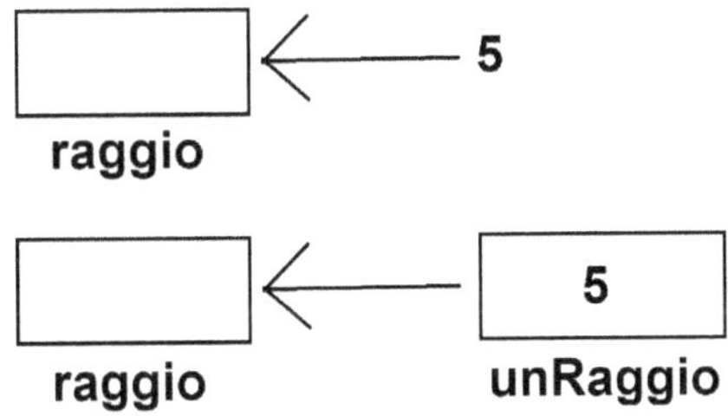

Assegnazione di valore costante (sopra) e di valore variabile (sotto)

Per il confronto di uguaglianza di valore si usa l'operatore ==

Note di sintassi e convenzioni

Il linguaggio C# distingue minuscolo da MAIUSCOLO (è case sensitive).

Gli attributi sono dichiarati "private" e pertanto possono essere utilizzati solo all'interno della classe che li contiene. Si scrivono in minuscolo.

I metodi sono dichiarati "public" e pertanto possono essere utilizzati in qualunque classe del programma. Hanno l'iniziale Maiuscola.

Ogni istruzione di calcolo termina con un punto e virgola ;

La spaziatura dei rientri delle istruzioni è facoltativa, ma risulta conveniente per rendere più leggibile il codice del programma.

Il codice viene opportunamente commentato per descrivere il significato dei passaggi più importanti:

```
// commento su una riga

/* blocco di commento,
   anche su più righe */
```

Il codice della classe Program è il seguente:

Program.cs

```
public class Program
{
  // il metodo Main deve avere la dicitura speciale "static"

  public static void Main()
  {
    // scrivo su finestra Console
    Console.WriteLine("BUONGIORNO");
    Console.WriteLine("Dammi il raggio della sfera");
    // aspetto il valore in input
    // e lo metto nella variabile unRaggio
    int unRaggio = Convert.ToInt32(Console.ReadLine());
    // creo un oggetto di tipo Sfera
    Sfera s = new Sfera(unRaggio);
    // calcolo il volume e lo memorizzo nella variabile v
    double v = s.CalcolaVolume();
    // scrivo il risultato
    Console.WriteLine("Il volume è")
    Console.WriteLine(v);
    // aspetto che premi un tasto per terminare
    Console.ReadKey();
  }
}
```

Il programma effettua il dialogo con l'utente mediante una finestra Console, dove l'input e l'output avvengono in forma testuale.

L'input da tastiera è sempre considerato come una stringa di caratteri di tipo testo e pertanto risulta necessario effettuare una conversione al tipo numerico desiderato.

Tipi numerici

I principali tipi numerici sono:

- int o Int32 → occupa 32 bit, cioè 4 byte di memoria e consente di rappresentare numeri interi da circa -2 miliardi a +2 miliardi
- double o Double → occupa 8 byte di memoria e consente di memorizzare numeri reali approssimati con massimo 16 cifre significative.
  Ad esempio 1.23456789 E+90 che vale $1.23456789 * 10^{90}$
- decimal o Decimal→ occupa 16 byte di memoria e consente di memorizzare numeri con la virgola di al massimo 28 cifre. Sono

ottimi per la memorizzazione di importi monetari come ad esempio 10000000000000000000.01 (dieci miliardi di miliardi e un centesimo)

Si noti l'istruzione per la **creazione di un "oggetto"** di tipo Sfera:

```
Sfera s = new Sfera(unRaggio);
```

Un oggetto è sostanzialmente una zona di memoria contenente i valori dei suoi attributi.

Dal punto di vista logico, un oggetto è una entità unitaria dotata di determinate caratteristiche (attributi) e in grado di attuare determinate azioni o comportamenti (metodi).

Encapsulation

Si parla di "incapsulamento" (encapsulation) per indicare il fatto che gli oggetti contengono al loro interno sia i loro dati che i loro metodi.

All'oggetto s si può chiedere di effettuare il calcolo del proprio volume, con l'istruzione:

```
double v = s.CalcolaVolume();
```

Allo stesso oggetto si potrebbe anche chiedere di raddoppiarsi il raggio:

```
s.RaddoppiaRaggio();
```

quest'ultima istruzione non produce nessun risultato, ma attua una modifica del valore di un attributo dell'oggetto s.

Esecuzione del programma:

```
BUONGIORNO
Dammi il raggio della sfera
```

```
5
Il volume è
523.59876666667
```

ATTENZIONE: Se nel metodo per il calcolo del volume si scrive erroneamente la seguente formula:

```
return 4 / 3 * raggio * raggio * raggio * 3.1415926;
```

dove compare la divisione 4/3, si ottiene un risultato errato; infatti essa viene calcolata come **divisione intera** e produce come risultato 1. In fase di testing del programma si nota subito che il risultato prodotto per una sfera di raggio 5 è 392.699075 e non il valore corretto riportato in precedenza!!!

Se in input viene erroneamente fornito un testo non numerico, si ottiene un errore di esecuzione (runtime error):

```
BUONGIORNO
Dammi il raggio della sfera
ciao
Run-time exception: Input string was not in a correct format
```

ESERCIZIO SVOLTO 2.1

Scrivere un programma per calcolare il volume e la lunghezza della diagonale di una Scatola di forma rettangolare.

Il metodo Main() della classe Program dovrà acquisire in input le misure della Scatola (altezza, larghezza e profondità) e calcolarne il volume.

Innanzitutto disegnare il diagramma delle classi.

Soluzione:

Si prevedono la classe Scatola, con gli attributi altezza, larghezza e profondità e i metodi CalcolaDiagonale() e CalcolaVolume(), e la classe Program con il metodo Main():

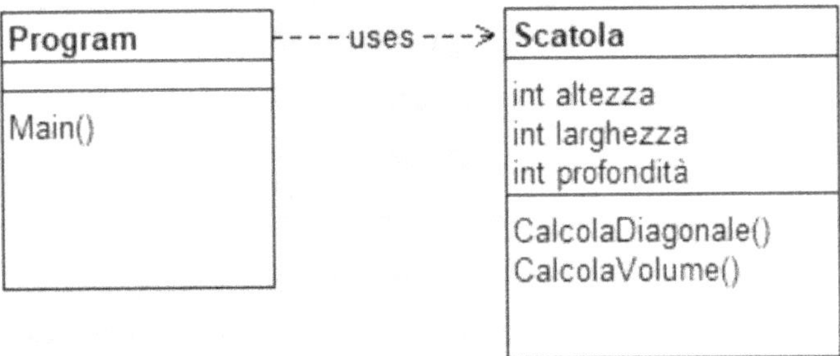

Diagramma delle classi

Codice delle classi:

```
public class Scatola
{
  // attributi
  private int altezza;
  private int larghezza;
  private int profondità;

  // costruttore
  public Scatola(int unaAltezza, int unaLarghezza,
                 int unaProfondità)
  {
    altezza = unaAltezza;
    larghezza = unaLarghezza;
    profondità = unaProfondità;
  }


  // metodi di calcolo

  // metodo che calcola il volume
  // il risultato sarà un numero intero
  public int CalcolaVolume()
  {
    return altezza * larghezza * profondità;
  }
```

```
    // metodo che calcola la diagonale
    // restituisce un numero reale
    public double CalcolaDiagonale()
    {
      return Math.Sqrt(altezza*altezza + larghezza*larghezza+
                       profondità*profondità);
    }
}
```

Si noti l'uso della funzione matematica Math.Sqrt() per calcolare la radice quadrata (square root).

```
public class Program
{
  public static void Main()
  {
    Console.WriteLine("Dammi l'altezza della scatola");
    int unaAltezza = Convert.ToInt32(Console.ReadLine());
    Console.WriteLine("Dammi la larghezza della scatola");
    int unaLarghezza = Convert.ToInt32(Console.ReadLine());
    Console.WriteLine(" e la profondità della scatola");
    int unaProfondità = Convert.ToInt32(Console.ReadLine());

    // attenzione a rispettare l'ordine dei parametri da
    // fornire in input al costruttore della Scatola!

    Scatola s = new Scatola(unaAltezza, unaLarghezza,
                            unaProfondità);
    // effettuazione dei calcoli e output dei risultati
    int v = s.CalcolaVolume();
    Console.WriteLine("Il volume è ");
    Console.WriteLine(v);
    // aspetto un tasto per finire
    Console.ReadKey();
  }
}
```

3. La struttura condizionale semplice

I metodi contengono sequenze di istruzioni di calcolo da eseguire e talvolta, ad un certo punto di questa sequenza, ci si trova davanti ad un "bivio": se una determinata condizione logica è vera si dovrà continuare in un certo modo, altrimenti in un altro modo.

Per illustrare concretamente questa situazione, viene proposta la realizzazione di un programma per la risoluzione di una equazione algebrica di 1° grado del tipo

$$ax + b = 0$$

La soluzione di questo problema matematico è:

- x = -b/a se a ≠ 0
- x = nessun valore (impossibile) se a = 0 e b ≠ 0
- x = qualsiasi valore reale (indeterminata) se a = 0 e b = 0

Il diagramma delle classi prevede la classe Program e la classe Equazione. Quest'ultima contiene gli attributi per memorizzare i due coefficienti dell'equazione.

```
public class Equazione
{
  // attributi
  private double coeffA;
  private double coeffB;

  //Costruttore
  public Equazione(double A, double B)
  {
    coeffA = A;
    coeffB = B;
  }

  //Metodi
  public string CalcolaSoluzione()
```

```
    {
      // dichiaro una variabile locale di appoggio per il risultato
      string risultato;
      if (coeffA != 0)
      {
        risultato = Convert.ToString(-coeffB / coeffA);
      }
      else  // si ha che coeffA == 0
      {
        if (coeffB != 0)
        {
          risultato = "Nessuna soluzione";
        }
        else
       {
         risultato = "Qualsiasi valore reale";
       }
     }
     return risultato;
    }
}
```

Con il vecchio formalismo dei diagrammi di flusso (flow chart), la logica della suddetta struttura condizionale veniva rappresentata nel seguente modo:

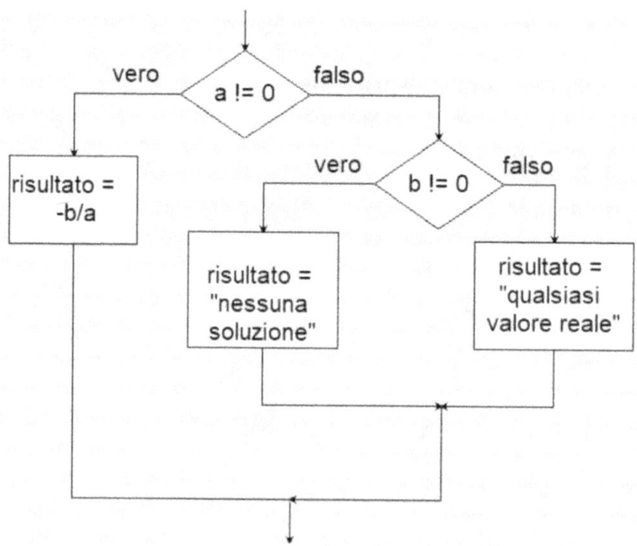

Il flow chart della struttura condizionale

Si noti che, data la rigidità della tipizzazione del linguaggio C#, il metodo CalcolaSoluzione() deve restituire un risultato di un tipo prefissato: è stato scelto il tipo string, che rappresenta un testo, per uniformare il tipo dei 3 possibili casi. Questa soluzione richiede la conversione esplicita a string del risultato numerico dell'equazione.

Se diversamente, si fosse voluto restituire un tipo numerico double, il codice del metodo avrebbe dovuto essere adattato nel seguente modo:

```
// versione con output numerico
public double CalcolaSoluzione()
{
  double risultato;
  if (coefficienteA != 0)
  {
    risultato = -coeffB / coeffA;
  }
  else
  {
    risultato = Double.NaN; // Not a Number
  }
  return risultato;
}
```

dove si restituisce il valore speciale "Not a Number" nei casi indeterminato e impossibile, senza però riuscire a distinguere tra gli stessi!

Il codice della classe Program è il seguente:

```
public class Program
{
  public static void Main()
  {
    Console.WriteLine("dammi il coefficiente della x");
    double a = Convert.ToDouble(Console.ReadLine());
    Console.WriteLine("dammi il termine noto");
    double b = Convert.ToDouble(Console.ReadLine());
    Equazione e = new Equazione(a, b);
    string s = e.CalcolaSoluzione();
    Console.WriteLine("La soluzione per x è");
```

```
        Console.WriteLine(s);
    }
}
```

Esecuzione del programma per l'equazione 3x + 4 = 0:

```
dammi il coefficiente della x
3
dammi il termine noto
4
La soluzione per x è
-1.33333333333333
```

ESERCIZIO SVOLTO 3.1

Scrivere un programma per effettuare alcune semplici considerazioni geometriche su un triangolo.

Si tratta innanzitutto di verificare le 3 misure fornite per i lati siano effettivamente compatibili con la costruzione di un triangolo, e poi di verificare se è isoscele, se è equilatero ed infine di trovare la misura del lato maggiore.

Soluzione:

Il diagramma delle classi è il seguente:

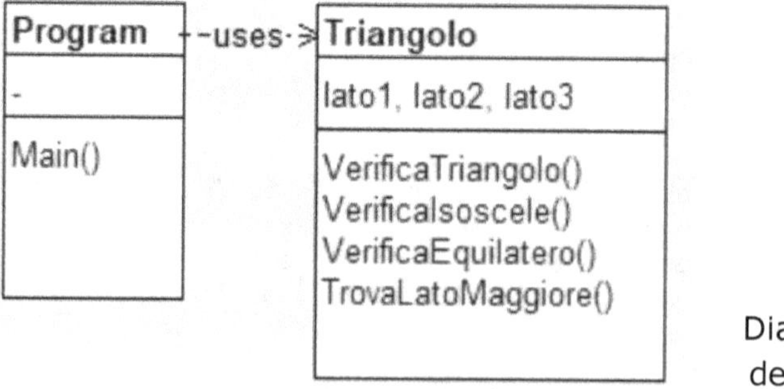

Diagramma delle classi

La classe Triangolo si occupa di rappresentare ed effettuare i calcoli sul triangolo:

```
public class Triangolo
{
  // attributi
  // le misure dei lati sono valori interi
  private int lato1;
  private int lato2;
  private int lato3;

  public Triangolo(int valore1, int valore2, int valore3)
  {
    lato1 = valore1;
    lato2 = valore2;
    lato3 = valore3;
  }

  // in un triangolo la misura di ciascun lato deve
  // essere inferiore alla somma degli altri due
  // Il metodo di verifica restituisce "si" oppure "no"
  public string VerificaTriangolo()
  {
    if(lato1 < lato2 + lato3 && lato2 < lato1 + lato3 &&
       lato3 < lato1 + lato2)
    { return "si"; }  // è un triangolo
    else
    { return "no"; }  // non è un triangolo
  }

  // è isoscele se ha almeno due lati uguali
  public string VerificaIsoscele()
  {
    if(lato1 == lato2 || lato1 == lato3 || lato2 == lato3)
    { return "si"; }  // è isoscele
    else
    { return "no"; }  // non è isoscele
  }

  // è equilatero se ha tutti i lati uguali
  public string VerificaEquilatero()
  {
    if(lato1 == lato2 && lato2 == lato3)
    { return "si"; }  // è equilatero
    else
    { return "no"; }  // non è equilatero
  }

  // non interessa sapere qual è il lato maggiore
```

```
    // ma semplicemente la misura del lato maggiore
    public int TrovaLatoMaggiore()
    {
      if (lato1 >= lato2 && lato1 >= lato3)
      { return lato1; }
      else
      {
        if(lato2 >= lato1 && lato2 >= lato3)
        { return lato2; }
        else
        { return lato3; }
      }
    }
}
```

Per effettuare le suddette verifiche si è fatto uso degli operatori logici AND e OR, che consentono di esprimere agevolmente condizioni composte. Si ricorda che AND richiede il verificarsi di entrambe le condizioni mentre OR richiede il verificarsi di almeno una delle condizioni.

Operatori logici

! operatore logico NOT
&& operatore logico AND
|| operatore logico OR

La priorità di esecuzione è prima NOT, poi AND e poi OR.

Il C# applica la cosiddetta valutazione abbreviata (shortened evaluation) del risultato di una espressione logica:

- se ad esempio si deve valutare A && B, se A è falso allora B non viene nemmeno valutato in quanto in ogni caso l'espressione nel suo complesso risulta falsa;
- se ad esempio si deve valutare A || B, se A è vero allora B non viene nemmeno valutato in quanto in ogni caso l'espressione nel suo complesso risulta vera.

Questo comportamento potrebbe portare ad alcune scorciatoie nella scrittura del codice, tuttavia, in generale, si sconsiglia di sfruttarne le caratteristiche per "costringere" il programmatore a scrivere codice più leggibile!

Il codice della classe Program è il seguente:

```
public class Program
{
  public static void Main()
  {
    Console.WriteLine("Dammi il primo lato");
    double a = Convert.ToInt32(Console.ReadLine());
    Console.WriteLine("Dammi il secondo lato");
    double b = Convert.ToInt32(Console.ReadLine());
    Console.WriteLine("Dammi il terzo lato");
    double c = Convert.ToInt32(Console.ReadLine());
    Triangolo t = new Triangolo(a, b, c);
    string s1 = t.VerificaTriangolo();
    Console.WriteLine("Verifica triangolo: ");
    Console.Write(s1);
    if (s1 == "si")
    {
      string s2 = t.VerificaIsoscele();
      Console.Write("Isoscele: ");
      Console.WriteLine(s2);
      string s3 = t.VerificaEquilatero();
      Console.Write("Equilatero: ");
      Console.WriteLine(s3);
      int m = t.TrovaLatoMaggiore();
      Console.Write("Misura del lato maggiore: ");
      Console.WriteLine(m);
    }
  }
}
```

Esecuzione del programma:

```
Dammi il primo lato
3
Dammi il secondo lato
3
Dammi il terzo lato
4
Verifica triangolo: si
Isoscele: si
Equilatero: no
Lato maggiore: 4
```

Osservazione: l'algoritmo utilizzato per trovare il lato maggiore potrebbe essere modificato: si può iniziare considerando come massimo provvisorio il valore del primo lato e poi si considerano uno alla volta gli altri lati per verificare se le loro misure superano quella del massimo provvisorio ed eventualmente aggiornarne il valore:

```
public int TrovaLatoMaggiore()  // seconda versione
{
  int max = lato1;  // massimo provvisorio
  if (lato2 > max)
  { max = lato2; }
  if (lato3 > max)
  { max = lato3; }
  return max;
}
```

Si noti la ripetitività dell'istruzione condizionale utilizzata per controllare ciascun lato: questa ripetitività si presta agevolmente ad una generalizzazione del problema con n lati!

ESERCIZIO SVOLTO 3.2

Programmare il distributore automatico di caffè.
La classe Distributore dovrà avere un attributo per il prezzo del caffè e un attributo per memorizzare l'importo inserito dal cliente.
I metodi della classe Distributore:

- DimmiCostoCaffè()
- InserisciMoneta(valore)
- DimmiImportoInserito()
- FammiIlCaffè() // se i soldi bastano restituisce un messaggio positivo altrimenti dice che i soldi non bastano
- RestituisciIlResto() // azzera l'importo inserito dall'utente

Disegnare il diagramma delle classi.

NOTA: Si deve decidere se esprimere gli importi in Euro oppure in Centesimi di Euro. Nel primo caso, si deve scegliere tra il tipo double e il tipo decimal – in questo caso la scelta è indifferente, tuttavia in generale conviene sempre usare il tipo decimal per gli importi monetari per evitare sorprese dovute a qualche possibile approssimazione nei calcoli.

Una possibile soluzione:

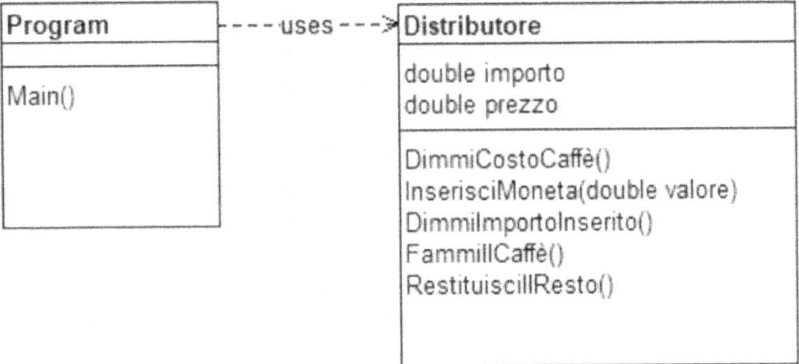

Diagramma delle classi

Il codice della classe Distributore:

```
public class Distributore
{
 // attributi
  private double importo;  // il totale inserito
  private double prezzo;// prezzo del caffè

  // costruttore
  public Distributore(double unPrezzo)
  {
    prezzo = unPrezzo;
    // inizialmente l'importo inserito è nullo
    importo = 0;
  }

  // il metodo Inserisci Moneta ha bisogno di ricevere in input
  // il valore numerico della moneta inserita dal cliente
  public void InserisciMoneta(double valore)
  {
```

```
        importo = importo + valore;
    }

    public double DimmiPrezzoCaffè()
    {
        return prezzo;
    }

    public double DimmiImportoInserito()
    {
        return importo;
    }

    public string FammiIlCaffè()
    {
        string messaggio;
        if (importo >= prezzo)
        {
            importo = importo - prezzo;
            messaggio = "Beviti il caffè";
        }
        else
        {
            messaggio = "Soldi inseriti insufficienti";
        }
        return messaggio;
    }

    // metodo che dice quanti soldi devono essere restituiti,
    // si deve restituire l'importo residuale attualmente
    // presente nel distributore
    public double RestituisciIlResto()
    {
        // mi serve una variabile di appoggio
        double resto = importo;
        importo = 0;  // azzero l'importo inserito
        return resto;  // restituisco idealmente il resto
    }
}
```

Il codice della classe Program:

```
public class Program
{
```

```
  public static void Main()
  {
    // prezzo 31 cent
    Distributore d = new Distributore(0.31);
    Console.WriteLine("Inserisci una moneta");
    double valore = Convert.ToDouble(Console.ReadLine());
    d.InserisciMoneta(valore);
    string messaggio = d.FammiIlCaffè();
    Console.WriteLine(messaggio);
    double resto = d.RestituisciIlResto();
    Console.WriteLine(resto);
  }
}
```

Esecuzione del programma con soldi sufficienti:

```
Inserisci una moneta
1
Beviti il caffè
0.69
```

Esecuzione del programma con soldi insufficienti:

```
Inserisci una moneta
0.20
Soldi inseriti insufficienti
0.2
```

Provare ad aggiungere alla classe Distributore il metodo AumentaPrezzo() per aumentare il prezzo del caffè di un valore ricevuto in input.

Soluzione:

```
// si suppone che incremento sia > 0
public void AumentaPrezzo(double incremento)
{
  // nuovo_valore = vecchio_valore + incremento
  prezzo = prezzo + incremento;
}
```

Osservazione: il suddetto metodo suppone che l'incremento sia un valore positivo.

Se si vuole evitare che l'utente del programma digiti in input un valore negativo, anzi un valore ≤ 0, si deve effettuare un **controllo sull'input**.

I controlli sull'input, se ritenuti necessari, devono essere effettuati dalla classe che dialoga con l'utente: la classe Program.

Ecco un esempio di metodo Main() che effettua anche il controllo sull'input:

```
// con controllo sull'input
public static void Main()
{
  // prezzo 31 cent
  Distributore d = new Distributore(0.31);
  Console.WriteLine("Inserisci l'aumento da applicare");
  double valore = Convert.ToDouble(Console.ReadLine());
  // controllo sull'input
  if (valore > 0)
  {
    d.AumentaPrezzo(valore);
    double nuovoPrezzo = d.DimmiPrezzoCaffè();
    Console.WriteLine("Il nuovo prezzo del caffè è");
    Console.WriteLine(nuovoPrezzo);
  }
  else
  {
    // istruzione da scrivere tutta su una riga!
    Console.WriteLine("Valore inserito non valido:
                       Il valore dell'aumento deve essere > 0");
  }
}
```

Esempio di situazione con errori di calcolo dovuti alla approssimazione insita nel tipo double

```
double x = 0.3;
// sottraggo 10 volte il valore di x al valore 10000
double ris = 10000 - x - x - x - x- x- x -x - x - x- x;
Console.WriteLine(ris);
```

Si ottiene 9997.00000000001 anziché 9.7

Poiché con i valori double c'è sempre la possibilità di errori di approssimazione, come questo, si deve dedurrre che **non è mai opportuno effettuare confronti di uguaglianza (==) tra valori double!**

Per capire il motivo del suddetto "errore di calcolo", si pensi che nel sistema binario il numero decimale 0.3 risulta essere un numero periodico.
Infatti 0.3 = 0.0 1001 1001 1001 ....
Pertanto esso non può essere rappresentato in modo esatto in uno spazio di memoria con un numero finito di bit.
In binario risultano periodici anche i numeri 0.1 e 0.2:
0.1 = 0.0 0011 0011 0011 ....
0.2 = 0.0011 0011 0011 ....

Con il tipo decimal invece si ottiene:

```
decimal x = 0.3m;  //si usa il suffisso m per i valori
                   // di tipo decimal
// sottraggo 10 volte il valore di x al valore 10
decimal ris = 10000 - x - x - x - x- x- x -x - x - x - x;
Console.WriteLine(ris);
```

Si ottiene correttamente 9997.0

Per ulteriori precisazioni sulle "Conversioni di un numero frazionario in binario", vedi il sito
http://www.lezionidimatematica.net/Binario/approfondimenti/bin_approfondimento_01.htm

4. La struttura condizionale multipla

La struttura condizionale semplice prevede una condizione logica che può risultare vera (true) oppure falsa (false). Pertanto essa prevede 2 possibili alternative.

In situazioni più articolate, è possibile annidare una struttura condizionale dentro l'altra, riuscendo così a gestire più di 2 possibili alternative.

Si ricordi la struttura condizionale proposta nel caso dell'equazione di 1° grado dove si dovevano gestire 3 possibili situazioni per il valore x della soluzione:

- x = -b/a se a ≠ 0
- x = nessun valore (impossibile) se a = 0 e b ≠ 0
- x = qualsiasi valore reale (indeterminata) se a = 0 e b = 0

Una struttura spesso più comoda da utilizzare è la struttura condizionale multipla, che prevede n possibili alternative:

```
// versione con struttura condizionale multipla
public string CalcolaSoluzione()
{
  string risultato;
if (coeffA != 0)
  { risultato = Convert.ToString(-coeffB / coeffA); }
else if (coeffA == 0 && coeffB != 0)
  { risultato = "Nessuna soluzione"; }
else // si ha che coeffA == 0 && coeffB == 0
  { risultato = "Qualsiasi valore reale";}
  return risultato;
}
```

ESERCIZIO SVOLTO 4.1

Scrivere un metodo che ricevuto in input il numero del giorno della settimana restituisce una stringa con il nome del giorno stesso:

1) Lunedi
2) Martedi
3) Mercoledi
4) Giovedi
5) Venerdi
6) Sabato
7) Domenica

Curiosità: in Europa la settimana inizia di Lunedi, mentre in Nord America e nei paesi arabi, il primo giorno è Domenica.

Soluzione:

```
public string DimmiGiorno(int n)
{
  if (n == 1) { return "Lunedi"; }
  else if (n == 2) { return "Martedi"; }
  else if (n == 3) { return "Mercoledi"; }
  else if (n == 4) { return "Giovedi"; }
  else if (n == 5) { return "Venerdi"; }
  else if (n == 6) { return "Sabato"; }
  else if (n == 7) { return "Domenica"; }
  else { return "Giorno inesistente"; }
}
```

Il tipo string

Il tipo string rappresenta dati di tipo testuale, ovvero sequenze, o stringhe, di caratteri.
Per la codifica dei caratteri, C# utilizza la codifica UTF-16 che prevede 16 bit (2 byte) per ciascun carattere (ci sono anche caratteri speciali che invece richiedono 4 byte).
Ad esempio il carattere A viene codificato (in esadecimale) con 0041.

La seguente tabella mostra alcuni esempi di codifica UTF-16

nome	codici UTF-16	carattere
Z minuscola (alfabeto latino)	007A	z
acqua (Cinese)	6C34	水
chiave di Sol	D834 DD1E	𝄞

Alcuni esempi di codifica UTF-16

L'operazione che si può fare con le stringhe è la **concatenazione**, che utilizza l'operatore **+**

Se si concatena una stringa con un valore numerico, quest'ultimo viene automaticamente convertito in stringa, prima della concatenazione.

Esempi:

```
string s1 = "cia" + "o";  // si ottiene "ciao"
string s2 = "pista" + 2000;  // si ottiene "pista2000"
string s3 = "" + 33;  // si ottiene "33"
```

Le stringhe sono "**immutabili**" nel senso che,ogni volta che si agisce per modificare una stringa, ne viene creata un'altra con il risultato dell'operazione. Esempio:

```
string s = "ciao ";
s = s + "mamma";
```

viene creata una nuova stringa contenente "ciao mamma", assegnata alla variabile s.

Pertanto, in memoria si troveranno le 3 stringhe "ciao ", "mamma" e "ciao mamma". In modo automatico il sistema libererà lo spazio di memoria occupato dalle stringhe non più utilizzate dal programma.

Stringhe letterali

In C# ci sono alcuni caratteri speciali che per essere inseriti in una stringa devono essere preceduti dalla barra rovescia \

Ad esempio:

\" per le virgolette "
\\ per la barra rovescia \
\n per andare a capo

Mettendo una @ davanti alla stringa, si possono inserire i caratteri speciali direttamente, "in modo letterale", senza bisogno di farli precedere dalla barra rovescia. Esempi:

```
string nomeFile = "c:\\temp\\immagine.png";
```

equivale a

```
string nomeFile = @"c:\temp\immagine.png";

string query = "SELECT NOME \n FROM STUDENTI \n WHERE CLASSE =
'5A'";  // scritta tutta su una riga!
```

equivale a

```
string query = @"SELECT NOME
                 FROM STUDENTI
                 WHERE CLASSE = '5A'";
               // scritta su più righe

string testo = "Antonio disse \"Andiamo tutti al mare\" e
partì";
```

equivale a

```
string testo = @"Antonio disse ""Andiamo tutti al mare"" e
partì";
```

notare in quest'ultimo caso l'uso delle doppie virgolette!!

Interpolazione di stringhe

A partire dalla versione 6 del C# è stata introdotta la cosiddetta "interpolazione di stringhe", ovvero un meccanismo più comodo e più facilmente leggibile per combinare assieme più stringhe variabili.
Esempio:

```
string nome = "Gianni";
int età = 42;
// la stringa "interpolata" è preceduta dal simbolo $
strings = $"Il nuovo collega si chiama {nome} e ha {età} anni";
Console.WriteLine(s);
```

si ottiene:

```
Il nuovo collega si chiama Gianni e ha 42 anni
```

ESERCIZIO SVOLTO 4.2

Uno spedizioniere vuole calcolare il prezzo della spedizione di un pacco applicando il seguente piano tariffario basato sul peso:

Peso	Tariffa
Fino a 2kg	5€
Fino a 5kg	10€
Fino a 10kg	20€
Oltre	50€

Si scriva la classe Pacco con attributo il peso e le dimensioni (larghezza, altezza, profondità) e i metodi per ottenere il peso del pacco e per calcolare il prezzo della spedizione.

Il metodo Main() della classe Program crea un Pacco di 2kg di misure 20x20x10 cm e ne visualizza il prezzo di spedizione.

Soluzione:

Il codice della classe Pacco:

```
public class Pacco
{
  // attributi
  private double peso; // kg
  private int altezza;// cm
  private int larghezza;// cm
  private int profondità; // cm

  // costruttore
  public Pacco(double unPeso, int unaAltezza, int unaLarghezza,
             int unaProfondità)
  {
    peso = unPeso;
    altezza = unaAltezza;
    larghezza = unaLarghezza;
    profondità = unaProfondità;
  }


  // metodi di calcolo
```

```
  public double CalcolaPrezzoSpedizione()
  {
    if (peso <= 2)
    { return 5; }
    else if (peso <= 5)
    { return 10; }
    else if (peso <= 10)
    { return 20; }
    else
    { return 50; }
  }
}
```

Il codice della classe Program:

```
public class Program
{
  public static void Main()
  {
    Pacco p = new Pacco(2, 20, 20, 10);
    double prezzo = p.CalcolaPrezzoSpedizione();
    Console.Write("Il prezzo è");
    Console.WriteLine(prezzo);
    Console.ReadKey();
  }
}
```

VERIFICA LE TUE COMPETENZE 1

Dato il seguente codice della classe Palla, riempire i buchi con le istruzioni mancanti:

```
public class Palla
{
  // attributi
  private double raggio;
  // costruttore
  public Palla(double unRaggio)
  { ______________________ }  // (1) assegna l'input
  // metodi
  public double DimmiRaggio()
  { ______________________}  // (2) ritorna il raggio
  public double CalcolaDiametro()
```

```
  { ________________} // (3) ritorna il risultato
  public void Gonfia(double fattoreDiScala)
  { raggio = raggio * fattoreDiScala; }
  public void Sgonfia(double fattoreDiScala)
  { ____________________ } // (4) modifica il raggio
}
```

Scrivere l'output prodotto su Console dalle seguenti istruzioni:

```
public class Program
{
  public static void Main()
  {
    Palla p1 = new Palla(2);
    p1.Gonfia(3);
    Console.WriteLine(p1.DimmiRaggio()); // (5) ________
    p1.Gonfia(0.5);
    Console.WriteLine(p1.DimmiRaggio()); // (6) ________
    Palla p2 = new Palla(10);
    double d = p2.CalcolaDiametro();
    Console.WriteLine(d); // (7) ______________
    if (p1.DimmiRaggio() > p2.DimmiRaggio())
    { Console.WriteLine("la prima è maggiore"); }
    else if (p1.DimmiRaggio() == p2.DimmiRaggio())
    { Console.WriteLine("sono uguali"); }
    else
    { Console.WriteLine("la prima è minore"); } // (8) __________
  }
}
```

Aggiungere alla classe Palla l'attributo colore di tipo string con il colore della palla:

```
  // attributi
  private double raggio;
  _______________________ // (9)
```

Modificare opportunamente il costruttore per tener conto del nuovo attributo da inizializzare:

(10)

Scrivere il metodo che restituisce il colore della palla: (11)

Scrivere il metodo che cambia il colore della palla con un colore fornito in input:
(12)

Scrivere le istruzioni del metodo Main() per: (13)

- creare una nuova palla di raggio 8 e colore giallo
- e poi cambiare il suo colore in verde
- e poi scrivere su console il raggio e il colore della palla

Segnare con una X le assegnazioni errate: (14)

```
int n = "ciao";
int x = 20.5;
double y = 20;
string s = 33;
```

```
--------- SOLUZIONE ------------

{ raggio = unRaggio; }  // (1)
{ return raggio; }  // (2)
{ return raggio * 2; }  // (3)
public voidSgonfia(double fattoreDiScala)
{ raggio = raggio / fattoreDiScala; }  // (4)
Console.WriteLine(p1.DimmiRaggio());  // (5) 6
Console.WriteLine(p1.DimmiRaggio());  // (6) 3
Console.WriteLine(d);  // (7) 20
// (8) la prima è minore

// attributi
private double raggio;
private string colore;  // (9)
```

```
(10)
public Palla(double unRaggio, string unColore)
{
  raggio = unRaggio;
  colore = unColore;
}

(11)
public string DimmiColore()
{
  return colore;
}

(12)
public void CambiaColore(string nuovoColore)
{
  colore = nuovoColore;
}

(13)
public static void Main()
{
  Palla p = new Palla(8, "giallo");
  p.CambiaColore("verde");
  Console.WriteLine(p.DimmiRaggio());
  Console.WriteLine(p.DimmiColore());
}

(14)
X   int n = "ciao"  // non si può assegnare una stringa di
                    // testo ad una variabile int
X   int x = 20.5  // non si può assegnare un numero decimale
                  // ad una variabile int
double y = 20  // è valido assegnare un intero ad una
                // variabile double
X   string s = 33  // non si può assegnare un valore numerico
                   // ad una variabile stringa
```

5. La struttura iterativa

Oltre alla struttura sequenziale e a quella condizionale, per poter scrivere un programma, può risultare necessario utilizzare una struttura iterativa, ovvero una struttura che prevede una qualche modalità di ripetizione di un blocco di istruzioni.

Tipicamente nei testi di informatica vengono presentate numerosi tipi di strutture iterative, tuttavia, per risolvere tutti i casi, è sufficiente conoscere la **struttura iterativa universale**, che è la seguente:

```
// il ciclo universale
bool finito = false;
while (! finito)
{
  // azioni da compiere
  // …
  // condizione per far diventare true
  // la variabile finito
}
```

La variabile finito è di tipo bool (booleano), ovvero può assumere solo uno dei valori logici true e false.

Il ciclo prevede che "finché non ho finito il lavoro, entro nel blocco di codice iterativo e svolgo alcune azioni e poi valuto una condizione logica che può determinare la fine dei lavori, assegnando true alla variabile finito".

Ad esempio per scrivere i numeri interi da 1 a 10 il ciclo è il seguente:

```
bool finito = false;
int n = 1;
while (! finito)
{
  Console.WriteLine(n);
  n++;  // incremento n
  if (n > 10)
  { finito = true; }
```

```
}
```

Per introdurre concretamente tale tecnica di programmazione, si propone la realizzazione di un programma per l'individuazione dei numeri primi.

Si ricorda che, in matematica, un numero intero è primo se risulta divisibile soltanto per 1 e per se stesso. Ad esempio 5 è primo, mentre 4 no, essendo divisibile anche per 2. Si precisa che 1 non è un numero primo!

La classe Eratostene rappresenta un numero intero maggiore di 1 ed è in grado di dire se esso è primo oppure no:

```
public class Eratostene
{
  private int numero; // ipotesi numero > 1

  public Eratostene(int unNumero)
  { numero = unNumero; }

  // metodo che dice se il numero è primo oppure no
  public bool IsPrimo()
  {
    // tecnica del "mi fido, ma controllo!"
    bool primo = true;  // risultato provvisorio
    bool finito = false;
    int n = 2;
    if (numero == 2)
    {
      // gestisco a parte il numero primo 2
      // perché il primo divisore che si andrà a
      // considerare nel ciclo è il numero 2
      finito = true;
    }
    // si entra nel ciclo solo se numero è > 2
    while (! finito)
    {
      int resto = numero % n;
      if (resto == 0)
      {
        // numero è divisibile per n
        primo = false;
        finito = true;
      }
```

```
        n++;
        if (n >= numero)
        { finito = true; }
      }
      return primo;
    }
}
```

Il metodo IsPrimo() ritorna un valore booleano: true se il numero è primo, false altrimenti.

Esso inizialmente ipotizza che il numero sia primo e poi comincia un ciclo di verifica che, partendo da n = 2, va a verificare se il numero è divisibile o meno per n.

In caso affermativo, il lavoro risulta finito in quanto si è scoperto che il numero non è primo, altrimenti si continua a provare con il valore successivo di n.

Quando si arriva ad avere n ≥ numero, si finisce il lavoro e si conclude che il numero è primo.

Questo approccio, comunemente detto **"mi fido, ma controllo",** va bene tutte le volte che una condizione deve essere soddisfatta da tutti gli elementi di un insieme; pertanto inizialmente si parte fiduciosi e poi si comincia la verifica. Appena si incontra un elemento che non soddisfa la suddetta condizione, si conclude in modo negativo; se invece si arriva indenni alla fine, allora la conclusione è positiva e si conferma l'ipotesi iniziale.

L'operatore % (modulo) serve per calcolare il resto di una divisione intera.

OSSERVAZIONE: è necessario prevedere all'interno del ciclo una condizione che consenta di uscire dal ciclo stesso.
Se questa condizione manca oppure non si verifica mai, allora l'esecuzione del programma rimane bloccata all'interno del ciclo, che così diventa un **"ciclo infinito" (infinite loop)**.
A questo punto il programma non è in grado di terminare da solo e l'operatore deve intervenire esplicitamente per interromperne l'esecuzione!

La classe Program contiene il metodo Main() che acquisisce un valore in input e dice se si tratta o meno di un numero primo:

```
public class Program
{
  public static void Main()
  {
    Console.WriteLine("Dammi un numero intero > 1");
    int n = Convert.ToInt32(Console.ReadLine());
    Eratostene e = new Eratostene(n);
    if (e.IsPrimo())
    { Console.WriteLine("è un numero primo"); }
    else
    { Console.WriteLine("non è un numero primo"); }
  }
}
```

Notoriamente le strutture iterative sono facilmente fonte di errori di programmazione. Pertanto, per un programmatore, è di fondamentale importanza imparare ad effettuare la **verifica del corretto funzionamento del ciclo di elaborazione**.

Si tratta di analizzare l'esecuzione passo-passo del codice annotandosi con scrupolo i valori assunti dalle diverse variabili.

```
public bool IsPrimo()
{
  // tecnica del "mi fido, ma controllo!"
  bool primo = true;  // risultato provvisorio
  bool finito = false;
  int n = 2;
  while(!finito)
  {
      int resto = numero % n;
      if (resto > 0)
      {
           // numero non è divisibile per n
           n++;
           if(n >= numero)
           { finito = true; }
      }
      else
      {
           // numero è divisibile per n
           primo = false;
           finito = true;
      }
  }
  return primo;
}
```

Si suppone di avere inserito il numero 4.

Si inizia mettendo un cursore (la freccia ⇨in figura) sulla prima istruzione del metodo da collaudare, e si immagina di eseguire tale istruzione:

viene creata la variabile primo con valore true

- primo = true

si fa avanzare il cursore all'istruzione successiva:

- finito = false

e poi si prosegue avanzando sempre passo-passo:

- n = 2
- si entra nel ciclo (essendo finito == false)
- si calcola resto = 4 % 2 = 0
- resto non è > 0
- primo diventa false
- finito diventa true
- si esce dal ciclo
- si restituisce come risultato primo == false

Osservazione: il metodo IsPrimo() può essere riscritto in modo più sintetico, modificando la condizione di ingresso nel ciclo:

```
public bool IsPrimo()
{
  int n = 2;
  while (n < numero && numero % n > 0)
  { n++; }
  if (n >= numero)
  { return true; }
  else
  { return false; }
}
```

Il programmatore deve sempre tenere presente che lo scopo principale del programmatore non è quello di cercare le scrittura più compatta possibile, ma piuttosto quello di **produrre codice**

facilmente leggibile e facilmente modificabile, anche da altre persone!

Un ciclo nel dialogo con l'utente

Si potrebbe modificare il suddetto metodo Main() per consentire all'utente di inserire una sequenza di numeri interi da valutare se sono primi o meno:

```
public class Program
{
  public static void Main()
  {
    bool finito = false;
    while (! finito)
    {
      Console.WriteLine("inserisci un numero intero (0
                         per finire)");  // tutto su una riga
      int n = Convert.ToInt32(Console.ReadLine());
      if (n > 0)
      {
        Eratostene e = new Eratostene(n);
        if (e.IsPrimo())
        { Console.WriteLine("è un numero primo"); }
        else
        { Console.WriteLine("non è un numero primo"); }
      }
      else
      { finito = true; }
    }
  }
}
```

Esempio di esecuzione, quando l'utente inserisce il valore 0, il programma termina:

```
inserisci un numero intero (0 per finire)
2
è un numero primo
inserisci un numero intero (0 per finire)
3
è un numero primo
inserisci un numero intero (0 per finire)
4
non è un numero primo
0
```

Questo modo di programmare il dialogo con l'utente è tipico delle interfacce a comandi, di tipo testuale.

Visibilità delle variabili (scope)

Gli **attributi** di una classe sono visibili e utilizzabili in tutti i metodi della classe stessa.
Le **variabili locali**, dichiarate all'inizio di un metodo, sono visibili e utilizzabili dentro il metodo stesso e poi vengono automaticamente distrutte.
Le variabili locali, dichiarate dentro un blocco di istruzioni racchiuso da parentesi graffe {...}, come ad esempio la variabile e del metodo IsPrimo(), sono visibili e utilizzabili solo all'interno di quel blocco di istruzioni, dopodichè esse vengono automaticamente distrutte.

Le moderne interfacce grafiche (GUI - Graphic User Interface), invece, applicano una logica "ad eventi", ovvero il programma è costantemente in attesa di una qualche azione esercitata dall'utente mediante i "controlli" grafici dell'interfaccia, quali menu e pulsanti, e il programmatore deve programmare le azioni da compiere in risposta a ciascuno degli eventi previsti.

Il suddetto programma, con una siffatta logica, avrebbe una finestra con una casella di input dove digitare il numero e un pulsante per chiedere la valutazione se è o meno un numero primo. La risposta può essere visualizzata su una apposita etichetta di testo. In pratica non occorre programmare nessun ciclo di input dall'utente!

Versione del programma con interfaccia grafica di tipo Windows Form

Viene ora mostrata una possibile versione del programma con interfaccia grafica.

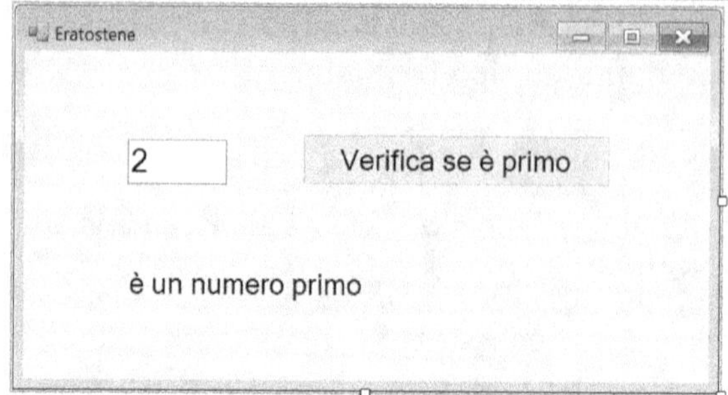

Una semplice interfaccia grafica

L'architettura delle classi di un programma che utilizza un Form grafico per dialogare con l'utente è illustrata dal seguente diagramma delle classi:

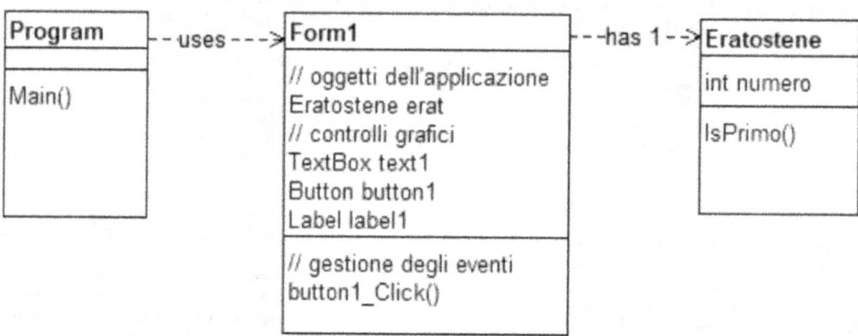

Il diagramma delle classi

La classe Program contiene il metodo Main() che semplicemente manda in esecuzione il Form:

```
public class Program
{
  public static void Main()
  { Application.Run(new Form1()); }
}
```

A sua volta il Form contiene ("has") un oggetto di tipo Eratostene di cui gestisce la creazione e l'utilizzo a seconda dei comandi e degli input forniti dall'utente mediante i "controlli grafici" (caselle di testo, pulsanti, etichette di testo, ...) presenti nel Form.
Il Form viene facilmente disegnato in modalità grafica scegliendo da un elenco i controlli da aggiungere.

```
class Form1: Form  // classe che deriva dal Form generico
```

```
{
  // oggetti dell'applicazione
  private Eratostene erat;

  // controlli grafici
  private TextBox text1;
  private Button button1;
  private Label label1;

  // costruttore
  public Form1()
  {
    // inizializzazione dei controlli grafici
    InitializeComponent(); // metodo predefinito
  }

  // gestione degli eventi
  private void button1_Click(object sender,EventArgs e)
  {
    // acquisisco l'input dal textbox e lo converto
    int numero = Convert.ToInt32(text1.Text);
    // creo e inizializzo l'oggetto erat
    erat = new Eratostene(numero);
    // eseguo le azioni previste sull'oggetto erat
    // e scrivo nella label il risultato
    if (erat.IsPrimo())
    {
      label1.Text = "è un numero primo";
    }
    else
    {
      label1.Text  ="non è un numero primo";
    }
  }
}
```

Il codice della suddetta classe viene in parte creato automaticamente da Visual Studio, e per comodità viene suddiviso in due file: si ha così la classe suddivisa in due parti.

L'interfaccia grafica, ovvero il Form, si deve occupare solo del dialogo con l'utente (input e output) e deve lasciare che tutti i calcoli vengano effettuati dalle altre classi del programma.

In questo modo risulta sempre possibile rivedere totalmente le modalità di dialogo con l'utente senza intaccare la logica di calcolo del programma stesso.
Un altro compito importante dell'interfaccia grafica è quello di **controllare l'input** fornito dall'utente in modo da evitare che il

programma si blocchi durante l'esecuzione o effettui calcoli assurdi.
Ad esempio si può controllare che il valore in input sia > 1, modificando opportunamente il metodo di gestione dell'evento click sul pulsante:

```
// gestione del click sul pulsante
// con anche il controllo dell'input
private void button1_Click(object sender, EventArgs e)
{
  // acquisisco l'input dal textbox e lo converto
  int numero = Convert.ToInt32(text1.Text);
  // controllo dell'input
  if (numero > 1)
  {
    // creo e inizializzo l'oggetto erat
    erat = new Eratostene(numero);
    // eseguo le azioni previste sull'oggetto erat
    // e scrivo nella label il risultato
    if (erat.IsPrimo())
    {
      label1.Text = "è un numero primo";
    }
    else
    {
      label1.Text  = "non è un numero primo";
    }
  }
  else
  {
    // visualizzo un messaggio di errore
    label1.Text = "si deve inserire un numero > 1";
  }
}
```

Se la condizione posta sul valore di input non risulta soddisfatta, il programma deve mostrare all'utente un opportuno **messaggio di errore con toni amichevoli**, con l'obiettivo di fornire all'utente informazioni adeguate per guidarlo ad inserire in input un valore valido.
Notare che comunque, in questa versione del programma,si assume che l'input sia effettivamente un valore numerico, altrimenti si avrà l'interruzione dell'esecuzione del programma (runtime error).

Errori a tempo di esecuzione

Quando si chiede all'utente di fornire in input un valore numerico, può accadere che venga inserito un testo che non rappresenta un valore numerico.
In tale caso il tentativo di conversione dell'input in numero intero genera un errore di esecuzione (run time error) che interrompe l'esecuzione del programma stesso.
E' opportuno intercettare l'eventuale errore run-time per impedire l'interruzione del programma e mostrare all'utente un opportuno messaggio di errore.
A tal fine, nel caso dell'esempio precedente, il metodo di gestione dell'evento click sul pulsante viene modificato inserendo tutte le sue istruzioni in un blocco **try..catch,** per intercettare e gestire l'eventuale "eccezione" dovuta ad un errore nell'input:

```
private void button1_Click(object sender, EventArgs e)
{
  // acquisisco l'input dal textbox come stringa di testo
  string input = text1.Text;
  try
  {
    // tento la conversione dell'input in numero intero
    int numero = Convert.ToInt32(input);
    // ulteriore controllo del valore dell'input
    if (numero > 1)
    {
      // creo e inizializzo l'oggetto erat
      erat = new Eratostene(numero);
      // eseguo le azioni previste sull'oggetto erat
      ...
    }
    else
    {
      // visualizzo un messaggio di errore
      label1.Text = "si deve inserire un numero > 1";
    }
  }
  catch (Exception e)
  {
    // catturo l'eventuale "eccezione" e mostro all'utente
    // il relativo messaggio di errore
    label1.Text = e.Message;
    // nel caso di input non numerico si ottiene il messaggio:
    // "Input string was not in a correct format."
  }
}
```

ESERCIZIO SVOLTO 5.1

Scrivere un metodo che riceve in input un numero intero in base 10 e lo converte in base 2, restituendo il risultato sotto forma di stringa di 0 e 1.

Si ricorda che l'algoritmo di conversione consiste nel dividere per 2 il numero fino ad ottenere 0, e poi restituire i resti in ordine inverso.

18	**0**
9	**1**
4	**0**
2	**0**
1	**1**
0	

Es.: $18_{10} = 10010_2$

Soluzione:

Il metodo viene messo dentro la classe Matematica priva di attributi, che quindi non necessita di costruttore:

```
public class Matematica
{
  public string ConvertiInBase2(int numero)
  {
    string risultato = "";
    bool finito = false;
    while (! finito)
    {
      int resto = numero % 2;
      // concateno a sinistra il resto al risultato corrente
      risultato = resto + risultato;
      numero = numero / 2;
      if (numero == 0)
      { finito = true; }
    }
    return risultato;
  }
}
```

Se n vale 18 che cosa si ottiene? Verificarlo con l'esecuzione passo-passo!
Se n è 0, il metodo funziona correttamente?
Che cosa si otterrebbe se la concatenazione fosse fatta a destra?

```
risultato = risultato + resto;
```

OSSERVAZIONE: il **passaggio dei parametri ai metodi** avviene sempre **"per valore"**, ovvero viene creata una nuova variabile contenente una copia del valore della variabile originale passata come parametro al metodo stesso.

Ad esempio, il metodo Main() utilizza il metodo ConvertiInBase2(), definito in precedenza, e poi verifica che il valore della variabile numero non sia stato modificato da tale metodo:

```
public static void Main()
{
  Matematica m = new Matematica();
  int numero = 18;
  string s = m.ConvertiInBase2(numero);
  Console.WriteLine(numero); // vale sempre 18
}
```

Infatti, anche se i nomi coincidono, la variabile "numero" usata nel metodo Main() è distinta dalla variabile "numero" usata dentro il metodo ConvertiInBase2().

6. Il ciclo enumerativo

Per questioni di praticità, e anche di maggiore leggibilità, nei casi in cui si debba ripetere un blocco di istruzioni per un ben prefissato numero di volte, conviene utilizzare la struttura iterativa denominata "ciclo enumerativo".

Si tratta di un ciclo controllato da una variabile intera, solitamente indicata con la lettera i, che assume un valore iniziale e viene incrementata (o decrementata) di una quantità prefissata ad ogni esecuzione del ciclo.

Il ciclo termina quando la variabile di controllo del ciclo raggiunge il valore finale previsto.

Il prototipo di ciclo enumerativo è il seguente:

```
// ciclo con i che va da 0 a 9 con incrementi unitari
// si esegue il ciclo finchè risulta i < 10 (che equivale a i<=9)
for(int i = 0; i < 10; i++)
{
  // blocco di istruzioni
}
```

Per questioni di leggibilità del codice e per non snaturare la logica del ciclo enumerativo, è **tassativamente sconsigliato**:

- modificare il valore della variabile di controllo all'interno del blocco di istruzioni del ciclo,
- interrompere brutalmente l'esecuzione del ciclo con le istruzioni break o return,
- mettere condizioni composte per controllare la terminazione del ciclo.

Se si ha l'esigenza di contravvenire ad una delle suddette restrizioni, allora è decisamente consigliato ricorrere al **ciclo while**.

ESERCIZIO SVOLTO 6.1

Scrivere un metodo da aggiungere alla classe Matematica per calcolare la potenza di un numero reale con esponente intero positivo come sequenza di prodotti:

$$a^n = a * a * \ldots * a \quad (\text{con } n \geq 0)$$

In effetti, esiste già il metodo Math.Pow(base, esponente) ma esso fa uso dei logaritmi per calcolare il risultato, visto che prevede come argomenti due numeri double.

Soluzione:

```
public double Potenza(double Base, int esponente)
{
  double risultato = 1;
  for(int i = 0; i < esponente; i++)
  {
    risultato = risultato * Base;
  }
  return risultato;
}
```

Nota: non si può usare una variabile di nome "base" perché si tratta di una parola riservata del linguaggio C#

Verificare se il suddetto metodo funziona, calcolando $10^3==1000$ e $10^0 == 1$.

Che cosa succede se l'esponente è negativo?

Ovviamente, in maniera del tutto equivalente, il ciclo for potrebbe iniziare con i=1 e arrivare al valore dell'esponente compreso:

```
public double Potenza(double Base, int esponente)
{
  double risultato = 1;
  for(int i = 1; i <= esponente; i++)
  {
```

```
    risultato = risultato * Base;
  }
  return risultato;
}
```

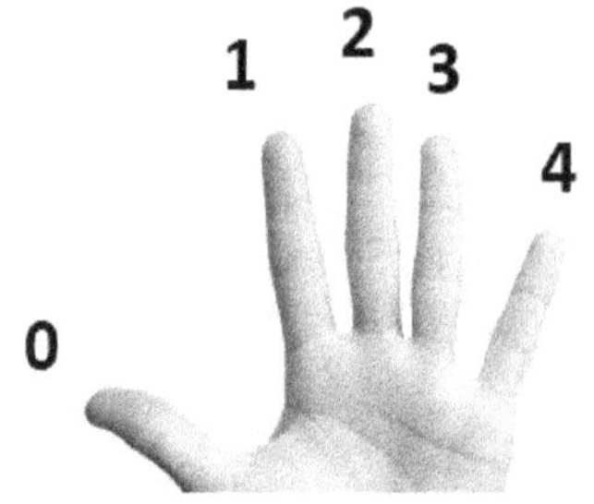

I programmatori di solito iniziano a contare a partire dallo 0.

Metodi static e Classi static

Nella programmazione orientata agli oggetti sono previsti anche i cosiddetti metodi statici (static).
Si tratta di metodi contenuti in una classe che non sono associati ai singoli oggetti della classe, ma piuttosto alla classe nel suo complesso.
In pratica essi vengono chiamati senza la necessità di creare un oggetto apposito ed agiscono soltanto sui dati forniti come argomenti del metodo stesso.
Nella suddetta classe Matematica sono stati inseriti i metodi ConvertiInBase2() e Potenza(). In effetti questi metodi hanno tutte le caratteristiche per essere dichiarati static:

```
public class Matematica
{
  // nessun attributo

  // metodi statici
  public static string ConvertiInBase2(int numero)
  {…}
  public static double Potenza(double Base, int esp)
  {…}
}
```

Per utilizzare questi metodi statici è sufficiente scrivere il nome della classe che li contiene e il nome del metodo separati da punto:

```
string s = Matematica.ConvertiInBase2(18);
double d = Matematica.Potenza(10, 3);
```

Se in particolare, una classe non ha attributi e contiene solo metodi

statici, essa viene dichiarata a sua volta classe statica.
Si tratta di fatto di una classe che funge da contenitore di metodi statici, che in sostanza sono delle funzioni di calcolo di uso generale: è proprio questa la situazione della classe Matematica:

```
public static class Matematica
{
  // nessun attributo

  // metodi statici
  public static string ConvertiInBase2(int numero)
  {…}
  public static double Potenza(double Base, int esp)
  {…}
}
```

Si pensi ad esempio alla classe Math del .NET Framework, che contiene una serie di funzioni matematiche, come la già utilizzata Math.Sqrt().
Anche la classe Console è statica, di essa sono stati utilizzati i metodi WriteLine() e ReadLine().

Attenzione che, per la loro natura, **non è possibile creare oggetti di una classe statica**.

ESERCIZIO SVOLTO 6.2

Calcolare il numero di giorni intercorrenti tra due date. Per semplicità si ipotizza che entrambe le date siano dello stesso anno non bisestile (come il 2019).

Inoltre la data iniziale deve essere antecedente, o tutt'al più coincidente con la data finale.

Esempio: dal 1/1 incluso al 30/4 escluso ci sono 119 giorni.

Soluzione:

Innanzitutto si deve individuare un algoritmo di calcolo da usare in generale.

Nell'esempio proposto (dal 1/1 al 30/4), per effettuare il calcolo si sono sommati i giorni dei mesi 1, 2, 3 (ovvero dal mese della data iniziale incluso al mese della data finale escluso) e poi si sono sottratti i giorni della data iniziale e aggiunti i giorni della data finale: (31 + 28 + 31) - 1 + 30 = 119 giorni

Altri esempi:

Dal 2/2 al 8/4: 28 + 31 -2 + 8 = 65 giorni
Dal 2/2 al 23/2: -2 + 23 = 21 giorni

Si scrive la classe statica Calendario con i metodi statici:

- GiorniDelMese(mese) che fornisce il numero di giorni del mese indicato
- CalcolaGiorni(giorno1, mese1, giorno2, mese2) che fornisce il numero di giorni intercorrenti tra la due date giorno1/mese1 e giorno2/mese2

```
public static class Calendario
{
  private int anno;

  public Calendario(int unAnno)
  {
    anno = unAnno;
  }

  // metodo di utilità che fornisce il numero
  // di giorni di un determinato mese
  public int GiorniDelMese(int mese)
  {
    // aprile giugno settembre novembre
    if (mese == 4 || mese == 6 || mese == 9 || mese == 11)
    { return 30; }
    else if (mese == 2) // febbraio
    { return 28; }
    else
    { return 31; }
  }
  public int CalcolaGiorni(int giorno1, int mese1,
                           int giorno2, int mese2)
  {
    int risultato = 0;
    for (int i = mese1; i < mese2; i++)
    {
      risultato = risultato + GiorniDelMese(i);
    }
```

```
    risultato = risultato - giorno1 + giorno2;
    return risultato;
  }
}
```

Domanda: se le due date sono dello stesso mese, il calcolo risulta corretto?

Risposta: SI, perché in tale caso il ciclo for viene saltato e si calcola direttamente 0 – giorno1 + giorno2.

Il metodo Main() della classe Program può testare le funzionalità del programma calcolando i giorni intercorrenti tra la date 1/1 e 30/4.

```
public class Program
{
  public static void Main()
  {
    // input fisso dal 1/1 al 30/4
    int giorno1 = 1;
    int mese1 = 1;
    int giorno2 = 30;
    int mese2 = 4;
    int anno = 2021;
    Calendario c = new Calendario(anno);
    int giorni = c.CalcolaGiorni(giorno1, mese1,
                                 giorno2, mese2);
    Console.WriteLine(giorni);
  }
}
```

ESERCIZIO SVOLTO 6.3

Partendo dall'esercizio precedente, rilasciare l'ipotesi di anno non bisestile.

Soluzione:

Si aggiunge alla classe Calendario il metodo booleano IsBisestile() per dire se l'anno è bisestile, poi si modifica il metodo GiorniDelMese() per tenere conto che febbraio può essere di 28 oppure di 29 giorni.

```
public class Calendario  // anche per anni bisestili
{
  private int anno;

  public Calendario(int unAnno)
  { anno = unAnno; }

  public bool IsBisestile()
  {
    // sono bisestili gli anni non secolari divisibili
    // per 4 e gli anni secolari divisibili per 400
    if (anno % 100 == 0)  // anno secolare
    {
      if (anno % 400 == 0)
      { return true; }
      else
      { return false; }
    }
    else // anno non secolare
    {
      if (anno % 4)
      { return true; }
      else
      { return false; }
    }
  }

  // metodo che ritorna il numero di giorni dell'anno
  public int TotaleGiorni()
  {
    if (IsBisestile())
    { return 366; }
```

```
    else
    { return 365; }
  }

  // metodo di utilità che fornisce il numero
  // di giorni di un determinato mese
  public int GiorniDelMese(int mese)
  {
    // aprile giugno settembre novembre
    if (mese == 4 || mese == 6 || mese == 9 || mese == 11)
    { return 30; }
    else if (mese == 2) // febbraio
    {
      if (IsBisestile())
      { return 29; }
      else
      { return 28; }
    }
    else
    { return 31; }
  }

  public int CalcolaGiorni(int giorno1, int mese1,
                            int giorno2, int mese2)
  {
    . . .  // come esercizio 6.2
  }
}
```

7. Metodi che ricevono e restituiscono oggetti

Le **Classi** consentono di definire nuovi **Tipi di dati** personalizzati costituiti da un certo numero di attributi, che possono avere una struttura anche piuttosto articolata, e da un elenco di operazioni (metodi).

Per illustrare alcune interessanti possibilità di utilizzo dei metodi si propone ora la classe Persona, che rappresenta alcuni dati anagrafici di una persona fisica: nome, età e sesso.

Innanzitutto, come breve riepilogo, si propongono alcuni semplici metodi:

```
public class Persona
{
  //attributi
  private string nome;
  private int età;
  private char sesso; // 'M' o 'F'

  // costruttore
  public Persona(string unNome, int unEtà,char unSesso)
  {
    nome = unNome; età = unEtà; sesso = unSesso;
  }

  // metodi
  // per comunicare il proprio nome
  public string DimmiNome()
  { return nome; }

  // per sapere se è maggiorenne
  public bool IsMaggiorenne()
  {
    if (età >= 18)
    { return true; }
    else
    { return false; }
  }
```

```
  // metodo che aumenta di 1 l'età
  public void FaCompleanno()
  { età++; }

  // metodo che riepiloga tutti i dati
  public string Descrizione()
  { return nome + "" + età + "" +sesso; }
}
```

Il tipo char

Il tipo char rappresenta un carattere, secondo la codifica UTF-16 che usa 16 bit per ciascun carattere (ci sono anche caratteri speciali che usano 32 bit).
Il valore effettivamente memorizzato da una variabile di tipo char è il valore numerico corrispondente al numero d'ordine del carattere nella codifica UTF-16: da 0000 a FFFF (valori espressi in formato esadecimale).
Esempi di assegnazioni valide:

```
char s0 = 'X'; // notare che si usano gli apici singoli
char s1 = '\x0058';  // valore esadecimale della X
char s2 = (char)88;  // trasformazione (cast) di un
                     // valore di tipo int
char s3 = '\u0058';  // valore Unicode

Esempio 1: scrivere il numero 10 in giapponese

char c = '\x2F17';  // ⼗ che si legge juu
Console.WriteLine(c);

Esempio 2: calcolo della media dei voti anglosassoni, che sono
espressi mediante lettere 'A''B''C''D''E''F'

int media = ('A' + 'C') / 2; // divisione intera
char votoMedio = (char) media; // si ottiene 'B'
// infatti i codici numerici di A e C sono 65 e 67
// pertanto si ottiene media = 66
// che è il codice numerico di B
```

Notare che il metodo IsMaggiorenne() potrebbe essere riscritto più succintamente nel seguente modo, sapendo che una espressione di confronto restituisce un valore booleano true oppure false:

```
public bool IsMaggiorenne()
{ return (età >= 18); }
```

A questo punto si vuole aggiungere un metodo per dare ad una persona la possibilità di confrontarsi con un'altra persona rispetto all'anzianità:

```
// metodo che dice se la persona in questione (this)
// è più anziana di età rispetto ad un'altra persona
// fornita come parametro di confronto
public bool IsPiùAnzianoDi(Persona altro)
{
  if (this.età > altro.età)
  { return true; }
  else
  { return false; }
}
```

Si noti che per distinguere gli attributi dell'oggetto in questione, rispetto a quelli dell'oggetto fornito come parametro di confronto, si usa la parola chiave "this".

Esempio di utilizzo del suddetto metodo:

```
Persona p1 = new Persona("gianni", 42, 'M');
Persona p2 = new Persona("mario", 28, 'M');
bool esito = p1.IsPiùAnzianoDi(p2); // restituisce true
```

Ora si vuole aggiungere un metodo in grado di generare un nuovo oggetto di tipo Persona; per avere un risultato si deve incontrare una persona dell'altro sesso ed inoltre entrambi devono essere maggiorenni:

```
// metodo che produce come risultato un oggetto di tipo Persona
// con nome e sesso forniti come parametri in input
public Persona FaFiglioCon(Persona altro,
                           string nomeFiglio, char sessoFiglio)
{
  if (this.sesso != altro.sesso &&
      this.IsMaggiorenne() && altro.IsMaggiorenne())
  { return new Persona(nomeFiglio, 0, sessoFiglio); }
  else
  { return null; }  // nulla di fatto!
}
```

Si noti che per una maggiore leggibilità della condizione si è utilizzato il metodo IsMaggiorenne() piuttosto che la condizione età>=18. Questo approccio ha il vantaggio che, se per caso il criterio della "maggiore età" venisse cambiato, non occorrerebbe modificare il codice del metodo in questione.

Se la condizione per generare il figlio non viene soddisfatta, allora viene restituito un nulla di fatto, ovvero il valore speciale "**null**" che indica "nessun oggetto".

Esempio di utilizzo del suddetto metodo:

```
Persona p1 = new Persona("paolo", 22, 'M');
Persona p2 = new Persona("francesca", 21, 'F');
Persona f = p1.FaFiglioCon(p2,"giovanna", 'F');
if (f != null)
{
  Console.WriteLine("E' nato un figlio di nome " + f.DimmiNome();
}
else
{ Console.WriteLine("Nulla di fatto"); }
```

Notare che prima di chiamare il metodo DimmiNome() viene fatto il controllo che la variabile f non sia null.

Questo è molto importante!

Se si agisse senza nessun controllo e f fosse null, il tentativo di chiamare il metodo DimmiNome() comporterebbe un errore di esecuzione (runtime error) e quindi l'interruzione dell'esecuzione del programma.

Pertanto, **è sempre opportuno effettuare un controllo che la variabile oggetto non sia null prima di chiamare un qualche metodo.**

Si ricorda che l'attributo nome della classe Persona è privato e pertanto non è possibile scrivere direttamente f.nome, ma piuttosto si deve ricorrere ad un apposito metodo per accedervi.

Overloading del costruttore

Il costruttore della classe Persona prevede 3 argomenti: nome, età e sesso.
Nel caso della "nascita" del bimbo si deve utilizzare questo costruttore assegnando il valore 0 all'età.
Per maggiore comodità di utilizzo della classe Persona, è possibile prevedere un secondo costruttore che si differenzia dal primo per la presenza di due soli argomenti, nome e sesso, e che assegna in automatico 0 all'età:

```
// secondo costruttore
public Persona(string unNome, char unSesso)
{
  nome = unNome; età = 0; sesso = unSesso;
}
```

Questa possibilità di avere diversi costruttori per la medesima classe che si differenziano per numero e/o tipo degli argomenti viene detta **overloading del costruttore**.

Analogamente si può anche effettuare l'**overloading di un metodo** proponendone più versioni che differiscono sempre per numero e/o tipo degli argomenti.

Infomation hiding

Il fatto di nascondere le informazioni (information hiding) sugli attributi di un oggetto (che appunto sono privati) è uno dei punti di forza della programmazione orientata agli oggetti in quanto si impedisce l'accesso diretto dall'esterno ai dati interni all'oggetto e se ne consente l'accesso soltanto tramite appositi metodi pubblici.
In questo modo il programmatore ha la possibilità di effettuare variazioni sulla struttura interna di una classe senza che gli utilizzatori della stessa debbano necessariamente modificare il loro codice applicativo.

Inoltre, si ha la possibilità di inserire nei metodi delle istruzioni di controllo sull'accesso ai dati stessi (sia in lettura, che in modifica).
Ad esempio, si potrebbe porre un filtro sull'accesso all'età delle donne:

```
// versione con accesso filtrato
public int DimmiEtà()
{
```

```
  if (sesso == 'F' and età > 20)
  { return 20; }
  else
  { return età; }
}
```

Variabili con valori di tipo semplice e variabili con riferimento ad oggetti

E' fondamentale capire la differenza tra le variabili che contengono valori di tipo semplice - int, double, decimal, char, bool - (tra cui si può considerare anche il tipo string) e variabili che contengono riferimenti ad oggetti.

Le prime contengono effettivamente un valore e, quando si assegna il valore di una variabile ad un'altra variabile, si crea una copia del suddetto valore:

```
int n1 = 20;
int n2 = n1;    //  si copia il valore di n1 dentro a n2
```

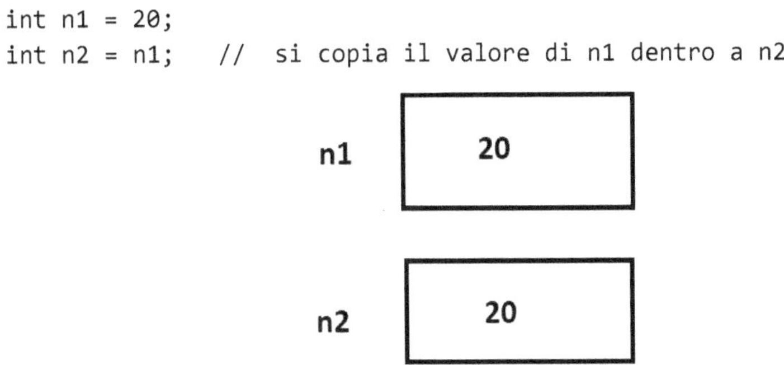

Il risultato della copia del valore di n1 dentro a n2

Le variabili che contengono un riferimento ad un oggetto, invece, contengono un riferimento (in sostanza si tratta di un indirizzo di memoria) alla zona dati in memoria dove è memorizzato l'oggetto in questione.

Quando si copia il contenuto di una variabile in un'altra variabile, si ottiene la duplicazione del riferimento all'oggetto, con l'effetto finale che entrambe le variabili faranno riferimento al medesimo oggetto.

Di conseguenza, si avranno due variabili con cui poter accedere indifferentemente al medesimo oggetto:

```
Persona p1 = new Persona("gianni", 42, 'M');
Persona p2 = p1;  // si riferisce sempre a gianni
```

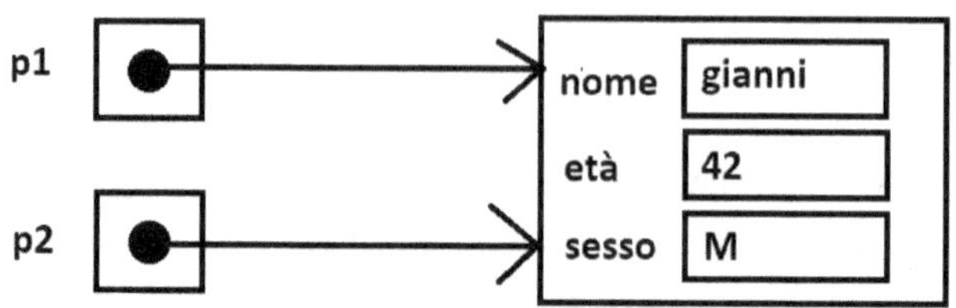

Due variabili che fanno riferimento al medesimo oggetto

Pertanto, se si agisce su p2 per fare un compleanno, l'oggetto di tipo Persona di nome gianni viene visto con la nuova età anche dalla variabile p1:

```
p2.FaCompleanno();  // gianni compie gli anni
string s = p1.Descrizione(); // si ottiene "gianni 43 M"
```

ESERCIZIO SVOLTO 7.1

Scrivere il codice della classe Frazione, per rappresentare un numero frazionario, con i metodi per stampare la frazione, per calcolarne il valore numerico, per effettuare la somma e la moltiplicazione con un'altra frazione.

Ad esempio:

```
3/2 + 2/5 = (3*5 + 2*2)/(2*5) = 19/10

3/2 * 2/5 = (3*2)/(2*5) = 6/10
```

Scrivere il metodo Main per creare le frazioni 3/2 e 2/5 e calcolarne il prodotto.

Soluzione:

```
public class Frazione
{
  private int numeratore;
  private int denominatore;
  public Frazione(int unNumeratore, int unDenominatore)
  {
    numeratore = unNumeratore;
    denominatore = unDenominatore;
  }

  public string Stampa()
  { return numeratore + "/" + denominatore; }

  public double CalcolaValore()
  {
    if (denominatore != 0)
    { return 1.0 * numeratore / denominatore; }
    else
    { return Double.NaN; }
  }

  public Frazione MoltiplicaPer(Frazione altra)
  {
    return new Frazione(this.numeratore*altra.numeratore,
                        this.denominatore*altra.denominatore);
  }

  public Frazione SommaCon(Frazione altra)
  {
    return new Frazione(this.numeratore*altra.denominatore +
                        this.denominatore*altra.numeratore,
                        this.denominatore*altra.denominatore);
  }
}
```

Il metodo Main è il seguente:

```
public class Program
{
  public static void Main()
```

```
  {
    Frazione f1 = new Frazione(3, 2);
    Frazione f2 = new Frazione(2, 5);
    Frazione f3 = f1.MoltiplicaPer(f2);
    Console.WriteLine(f3.Stampa();
    Console.WriteLine(f3.CalcolaValore());
  }
}
```

Si ottiene:

```
6/10
0.6
```

ESERCIZIO SVOLTO 7.2

Per duplicare un oggetto di tipo Persona si deve scrivere un apposito metodo di clonazione dentro la classe Persona, tale metodo dovrà creare un nuovo oggetto di tipo Persona e inizializzarlo con i valori degli attributi dell'oggetto da clonare.

Soluzione:

```
public class Persona
{
  // attributi
  …
  // metodi
  …

  public Persona Clona()
  {
    Persona p = new Persona(this.nome, this.età,this.sesso);
  }
}
```

Esempio di utilizzo del suddetto metodo:

```
Persona p1 = new Persona("gianni", 42, 'M');
Persona p2 = p1.Clona();  // clonazione di gianni
```

Si ottengono due oggetti distinti, seppure identici (ovvero contenenti attributi con valori uguali):

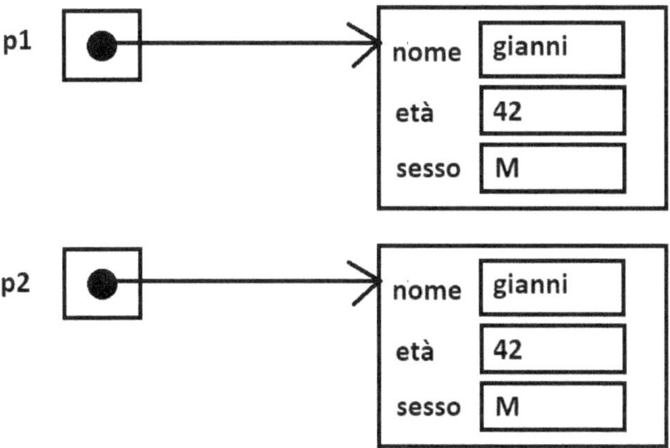

Effetto della clonazione dell'oggetto

8. Array di valori e di oggetti

Spesso, lo sviluppo di una applicazione richiede la gestione in memoria di una collezione di dati.

Una prima forma di collezione di dati è l'array: si tratta di una schiera di variabili tutte dello stesso tipo, collocate una di seguito all'altra nella memoria centrale del computer.

Ad esempio si potrebbe dichiarare un array di stringhe per contenere i giorni della settimana:

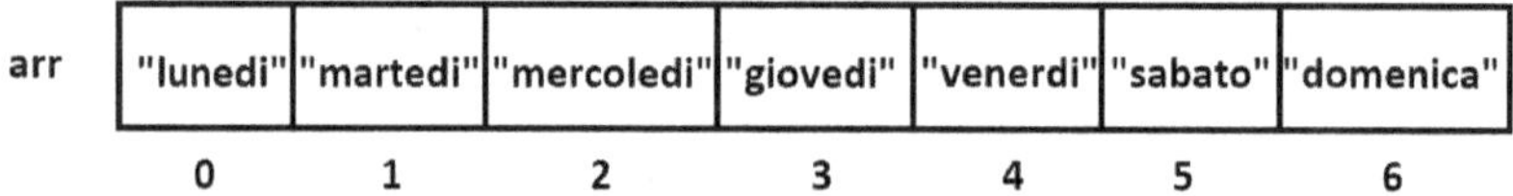

Array dei giorni della settimana

Come si può vedere in figura, l'array ha 7 componenti numerate da 0 a 6.

Si tratta di una struttura dati che consente l'accesso diretto a ciascuna singola componente, conoscendone il numero (ovvero la posizione).

La dichiarazione del suddetto array è la seguente; notare l'uso delle parentesi quadre [] per indicare che si tratta di un array:

```
string[] arr = new string[7];  // array di 7 componenti
```

Il riempimento dell'array con i valori previsti può essere fatto una componente alla volta, specificando tra parentesi quadre l'indice della componente:

```
arr[0] = "lunedi";
arr[1] = "martedi";
...
```

oppure con un'unica istruzione all'atto della creazione dell'array:

```
string[] arr = new string[] {"lunedi", "martedi", "mercoledi",
"giovedi", "venerdi", "sabato", "domenica"};
```

A questo punto si può scrivere una nuova versione del metodo DimmiGiorno() che riceve in input un numero intero da 1 a 7 e restituisce il corrispondente giorno della settimana.

```
//  versione con array
public string DimmiGiorno(int n)
{
  string[] arr = new string[] {"lunedi", "martedi","mercoledi",
"giovedi", "venerdi", "sabato","domenica"};
  return arr[n-1];  // il giorno 1 è nella componente 0
}
```

Trade-off spazio-tempo

Dal confronto tra le due versioni del metodo DimmiGiorno(), quella che faceva uso di una struttura condizionale multipla per determinare il giorno della settimana, e questa, che memorizza le risposte in un array e poi restituisce direttamente il valore della risposta, emerge una tipica situazione dell'informatica: il trade off spazio-tempo.

In sostanza, tipicamente il programmatore si trova a dover decidere se privilegiare i **tempi di risposta** di un programma oppure risparmiare sulle **risorse dimemoria** richieste dallo stesso.

Si tratta di obiettivi di efficienza solitamente contrapposti: per ridurre l'occupazione di memoria si deve andare ad effettuare tutti i calcoli necessari per ottenere il risultato previsto, invece per ridurre i tempi di esecuzione si devono mantenere pronti in memoria tutti i diversi possibili risultati per poi andare semplicemente, e rapidamente, a recuperare quello desiderato dall'utente.

Il C# prevede che gli array abbiano una dimensione fissa, ovvero con un numero di componenti stabilito al momento della loro creazione.

Tale dimensione può dipendere dal valore di una variabile, ma, una volta fissato, tale valore non cambia:

```
int n = 100;
string[] arr = new string[n];
```

In effetti, tale dimensione può essere aumentata in un secondo momento chiedendo al sistema di creare un nuovo array della dimensione desiderata e ricopiandovi tutto il contenuto dell'array di partenza. Questo lavoro di ampliamento deve però essere esplicitamente programmato con apposite istruzioni.

E' per questo motivo che si parla, comunque, di array di dimensione fissa (o di "array statici").

Si parla di array di dimensione variabile (o "array dinamici"), invece, quando il numero delle componenti viene aumentato in modo automatico, in base alle esigenze operative dell'applicazione, senza che vi siano apposite istruzioni al riguardo.

Gestione semidinamica dell'array

Si può utilizzare un array statico con una gestione "semidinamica" impostandone la dimensione massima all'atto della creazione e gestendone il riempimento via via che l'utente aggiunge dei valori mantenendo sempre aggiornata un variabile numerica intera che memorizza il numero di valori effettivamente inseriti nell'array:

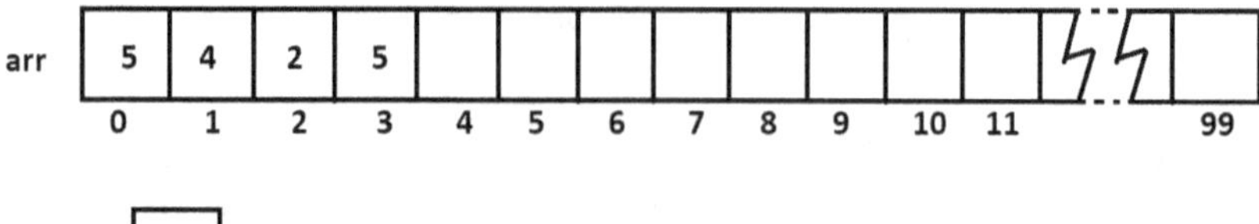

Le corrispondenti istruzioni sono:

```
// dichiarazione di array con gestione semidinamica
int[] arr = new int[100];  // c'è posto per 100 valori
int nValori = 0;  // per ora ci sono 0 valori
```

Per inserire un nuovo valore nella prima componente libera dell'array, si devono scrivere le seguenti istruzioni:

```
arr[nValori] = valoreDaInserire;
nValori++;  // incremento di uno il numero di valori
```

ESERCIZIO SVOLTO 8.1

Scrivere un programma che simula un Dado a 6 facce ed effettua tanti lanci dello stesso fino ad ottenere il valore desiderato, che è il 6.

I lanci verranno fatti uno alla volta, su comando dell'utente, e vengono memorizzati in un array, per eventuali rielaborazioni statistiche.

Si dovrà fornire in output di volta in volta il valore della faccia del dado che si ottiene dal lancio.

Ovviamente se si è fortunati si ottiene subito il 6, altrimenti si potrebbero dover fare molti lanci.

Iniziare dal diagramma delle classi.

Sapresti dire quanti lanci in media ci si aspetta di dover fare?

Soluzione:

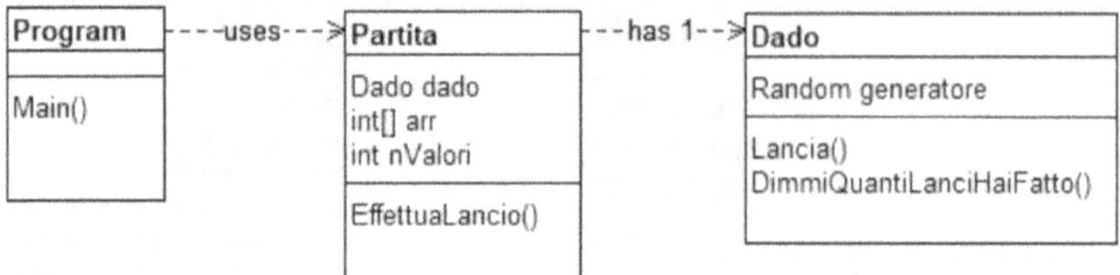

Il Diagramma delle classi

La classe Dado utilizza la classe predefinita Random per generare i numeri pseudo-casuali:

```
public class Dado
{
  // il generatore di valori pseduo-casuali
  private Random generatore;

  public Dado()
  { generatore = new Random(); }

  // produce un numero casuale da 1 a 6
  public int Lancia()
  {
    return generatore.Next(1, 7);// da 1 compreso a 7 escluso
  }
}
```

La classe Partita contiene un Dado e un array per i lanci effettuati:

```
public class Partita
{
  // attributi
  private Dado dado;
  private int[] arrLanci;
  private int nValori;

  // si prevedono al max 100 lanci
  public Partita()
  {
    dado = new Dado();
    arrLanci = new int[100];
    nValori = 0;
  }
```

```
  public int EffettuaLancio()
  {
    int n = dado.Lancia();
    // memorizzo il valori di n nell'array
    arrLanci[nValori] = n;
    nValori++;
    // restituisce l'esito del lancio
    return n;
  }

  public int DimmiQuantiLanciHaiFatto()
  {return nValori;}
}
```

Il metodo Main() effettua i lanci del dado su comando dell'utente, finché si ottiene il 6:

```
public class Program
{
  public static void Main()
  {
    Partita p = new Partita();
    bool finito = false;
    while(! finito)
    {
      // premere Invio per proseguire
      string comando = Console.ReadLine();
      int esito = p.EffettuaLancio();
      int nLanci = p.DimmiQuantiLanciHaiFatto();
      Console.WriteLine(nLanci + " - " + esito);
      if (esito == 6)
      { finito = true; }
    }
  }
}
```

Prova di esecuzione del programma:

```
1 - 1
2 - 3
3 - 1
4 - 5
5 - 5
6 - 5
7 - 1
8 - 6
```

La teoria del calcolo delle probabilità dimostra che, essendo p = 1/6 la probabilità di ottenere il valore 6 ad ogni singolo lancio del dado, il numero medio di lanci che si dovranno fare prima di ottenere il 6 è 1/p, vale a dire 6 lanci.

ESERCIZIO SVOLTO 8.2

Scrivere un programma che simula uno Studente che ha come attributi il nome e un array di voti.

Scrivere i metodi per aggiungere un voto, per calcolare la media dei voti e per contare quante insufficienze ci sono.

Soluzione:

```
public class Studente
{
  // attributi
  private string nome;
  private int[] arrayVoti;
  privare int nVoti; // numero di voti nell'array

  public Studente(string unNome)  // costruttore
  {
    nome = unNome;
    arrayVoti = new int[20];  // al massimo 20 voti
    nVoti = 0;  // per ora non ha nessun voto
  }

  public void AggiungiVoto(int unVoto)
  {
    arrayVoti[nVoti] = unVoto;
    nVoti++;
  }

  public double CalcolaMediaVoti()
  {
    int somma = 0;
```

```
    for(int i = 0; i < nVoti; i++)
    { somma = somma + arrayVoti[i]; }
    if (nVoti > 0)
    { return 1.0 * somma / nVoti; }
    else // in assenza di voti restituisce 0
    { return 0; }
  }

  public int ContaInsufficienze()
  {
    int cont = 0;
    for(int i = 0; i < nVoti; i++)
    {
      if (arrayVoti[i] < 6)
      { cont++; }
    }
    return cont;
  }
}
```

9. Algoritmi di base su un array

E' importante che un programmatore sia in grado di manipolare gli array per effettuare alcune elaborazioni di base.

Per un array contenente valori numerici si tratta di saper effettuare

1. la ricerca del minimo valore (o del massimo),
2. il calcolo della media aritmetica dei valori,
3. il conteggio dei valori che soddisfano una determinata condizione,
4. la ricerca (sequenziale) di un valore,
5. la ricerca (dicotomica) nel caso di valori ordinati,
6. l'inserimento, mantenendo in ordine i valori,
7. la verifica di una determinata condizione sui valori dell'array come ad esempio la verifica che siano in ordine,
8. l'ordinamento dei valori.

Si suppone di avere la classe Contenitore, dove si ha come attributo un array di numeri interi e il numero di valori che esso effettivamente contiene:

```
public class Contenitore
{
  // attributi
  private int[] array;
  privare int nValori;

  // costruttore
  public Contenitore(int nComponenti)
  {
    array = new int[nComponenti];
    nValori = 0;  // per ora non c'è nessun valore
  }
```

In questo contesto verranno di seguito sviluppati dei metodi per applicare i suddetti algoritmi di base.

1) la ricerca del minimo valore (o del massimo)

Si suppone che l'array di numeri interi contenga i seguenti 10 valori:

12	34	56	7	55	3	23	19	21	90
0	1	2	3	4	5	6	7	8	9

per trovare il valore minimo, che è 3, si parte dalla prima componente, la si assume come minimo provvisorio e poi si procede verificando se una qualche altra componente ha un valore inferiore ad essa, e in caso affermativo si aggiorna man mano il minimo provvisorio.

Alla fine il minimo provvisorio risulta essere il minimo definitivo!

```
public int TrovaMinimo()
{
  // imposto il valore iniziale del minimo provvisorio
  int min = array[0];
  // ciclo che scandisce i valori dell'array a partire
  // dalla seconda posizione
  for(int i = 1; i < nValori; i++)
  {
    if(array[i] < min)
    {
      // è un valore che migliora il minimo provvisorio
      min = array[i];
    }
  }
  return min;
}
```

Domanda: se l'array contiene un solo valore, il suddetto metodo funziona?

Risposta: Si. Il ciclo non verrebbe eseguito, essendo nValori == 1 e si restituisce il valore della prima componente, ovvero array[0].

Variante: metodo che fornisce la posizione, non il valore, del minimo:

```
public int TrovaPosizioneDelMinimo()
{
  int posmin = 0; // posizione iniziale del minimo provvisorio
  // ciclo che scandisce i valori dell'array a partire
  // dalla seconda posizione
  for(int i = 1; i < nValori; i++)
  {
    if(array[i] < array[posmin])
    {
      // è un valore che migliora il minimo provvisorio
      posmin = i;
    }
  }
  return posmin;
}
```

ESERCIZIO SVOLTO 9.1

Scrivere un metodo che trova il valore massimo contenuto nell'array.

Si suppone che i valori siano tutti positivi (>= 0).

Soluzione:

Si può sfruttare la suddetta ipotesi per proporre una versione dell'algoritmo che assegna come valore massimo provvisorio il valore più piccolo possibile, in questo caso lo 0.

```
// versione 1
// funziona essendo i valori dell'array tutti positivi
public int TrovaMassimo()
{
  int max = 0; // valore iniziale del massimo provvisorio
  // ciclo che scandisce tutti i valori dell'array
  for(int i = 0; i < nValori; i++)
  {
    if(array[i] > max)
```

```
    {
      // è un valore che supera il massimo provvisorio
      max = array[i];
    }
  }
  return max;
}
```

In assenza della suddetta ipotesi, si può assegnare il valore della prima componente dell'array come massimo provvisorio:

```
// versione 2
// funziona qualsiasi siano i valori dell'array
public int TrovaMassimo()
{
  int max = array[0]; //valore iniziale del max provvisorio
  // ciclo che scandisce i valori dell'array a partire
  // dalla seconda posizione
  for(int i = 1; i < nValori; i++)
  {
    if(array[i] > max)
    {
      // è un valore che supera il massimo provvisorio
      max = array[i];
    }
  }
  return max;
}
```

2) il calcolo della media aritmetica dei valori

Per calcolare la media dei valori, se ne deve effettuare la somma mediante un ciclo di accumulo e poi si effettua la divisione per il numero di valori:

```
public double CalcolaMedia()
{
  int somma = 0; // inizializzo a 0 la somma provvisoria
  double media = 0;  // per il risultato
  // ciclo che scandisce tutti i valori dell'array
  for(int i = 0; i < nValori; i++)
  {
```

```
    somma = somma + array[i];
  }
  if (nValori > 0)
  {
    media = (double)somma / nValori;
  }
  return media; // in assenza di valori restituisce 0
}
```

Si noti che per evitare che nel calcolo della media venga applicata la divisione intera, si deve effettuare un casting (trasformazione) al tipo double della somma.

Lo stesso risultato lo si sarebbe ottenuto con una espressione del tipo:

```
media = 1.0 * somma / nValori;
```

In generale non viene garantito che l'array contenga almeno un valore, pertanto è opportuno effettuare un controllo sul numero di valori contenuti nell'array prima di effettuare la divisione.

E' stato deciso di restituire come risultato 0 nel caso di assenza di valori nell'array.

3) il conteggio dei valori che soddisfano una determinata condizione

Si suppone di voler contare i valori pari, ovvero che soddisfano la condizione `array[i] % 2 == 0`

Anche nel caso di conteggio si deve effettuare un ciclo enumerativo per scorrere tutti i valori dell'array:

```
public double ContaPari()
{
  int cont = 0; // inizializzo a 0 il contatore
```

```
  // ciclo che scandisce tutti i valori dell'array
  for(int i = 0; i < nValori; i++)
  {
    if (array[i] % 2 == 0)  // condizione
    {
      cont++;  // incremento il contatore
    }
  }
  return cont;
}
```

Domanda: qual è la condizione da porre nel caso si volessero contare i valori dispari? ____________________

Risposta:

La condizione è `if (arr[i] % 2 == 1)`

4) la ricerca (sequenziale) di un valore

Se i valori dell'array **non** sono in ordine, allora l'unico modo per effettuare una ricerca è partire dall'inizio e controllare uno per uno, sequenzialmente, i valori dell'array.

La ricerca termina non appena si incontra il valore cercato, oppure quando sono stati controllati senza successo tutti i valori dell'array.

Si usa un ciclo while perché non è prevedibile quante componente dell'array dovranno essere analizzate.

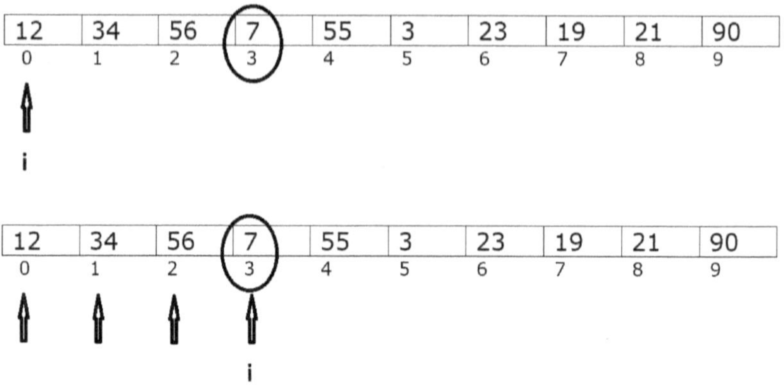

Esempio: la ricerca del valore 7 inizia dalla componente di indice 0 (in alto) e termina quando si arrivaalla componente di indice 3 (in basso)

In media, per un array con n valori, ci si aspetta di doverne controllare la metà, cioè n/2.

Il metodo restituisce la posizione dove si trova il valore cercato; se la ricerca dà esito negativo, esso restituisce la posizione convenzionale -1.

```
public int RicercaValore(int valoreCercato)
{
  int posizione = -1;
  bool trovato = false;  // per ora non l'ho trovato
  int i = 0;  // si parte dall'inizio
  while (i < nValori && ! trovato)
  {
    if (array[i] == valoreCercato)
    {
      trovato = true;
      posizione = i;
    }
    else
    { i++; }
  }
  return posizione;
}
```

Si potrebbe riscrivere il suddetto metodo in maniera leggermente abbreviata, a spese della facilità di lettura dello stesso, rinunciando alla variabile booleana trovato, esprimendo la condizione "not trovato" mediante la condizione equivalente "posizione == -1":

```
// versione 2
public int RicercaValore(int valoreCercato)
{
  int posizione = -1;  // per ora non l'ho trovato
  int i = 0;  // si parte dall'inizio
  while (i < nValori && posizione == -1)
  {
    if (array[i] == valoreCercato)
    { posizione = i; }
    i++;
  }
  return posizione;
}
```

Si può arrivare a una versione succinta, che sfrutta la valutazione abbreviata delle espressioni booleane:

```
// versione "succinta"
public int RicercaValore(int valoreCercato)
{
  int i = 0;  // si parte dall'inizio
  while (i < nValori && array[i] != valoreCercato)
  { i++; }
  if (i < nValori)
  { return i; }
  else
  { return -1; }
}
```

In quest'ultima versione il ciclo fa avanzare la variabile i fino a quando il valore di array[i] è diverso dal valore cercato. Si esce dal ciclo quando dopo aver inutilmente analizzato tutti i valori dell'array, i diventa uguale a nValori, oppure quando in array[i] si trova il valore cercato.

Si sottolinea il fatto chela condizione di ingresso nel ciclo while richiede innanzitutto che sia i<nValori e, solo se questa prima

condizione è vera, si va a leggere il valore di array[i] per vedere se esso è diverso dal valore cercato.

Se non ci fosse la valutazione abbreviata, quando il valore cercato non è presente nell'array, ad un certo punto si arriva ad avere i==nValori e in questa situazione la posizione i non è valida e pertanto si avrebbe il fallimento del programma (si verifica un errore runtime di tipo "index out of bound error" se si superano le dimensioni dell'array e comunque si va a leggere una casella dell'array considerata vuota).

5) la ricerca (dicotomica) nel caso di valori ordinati

L'algoritmo di ricerca trae un notevole beneficio dal fatto di avere i valori dell'array disposti in ordine.

Intuitivamente si pensi a come si effettua la ricerca di una parola in un vocabolario: sostanzialmente, si parte dalla metà del tomo, se la parola che si incontra a metà del vocabolario segue nell'ordine alfabetico quella cercata, allora si può tranquillamente scartare tutta la seconda metà dello stesso e concentrarsi solo sulla prima metà; se invece tale parola precede quella cercata, allora ad essere scartata sarà la prima metà del vocabolario.

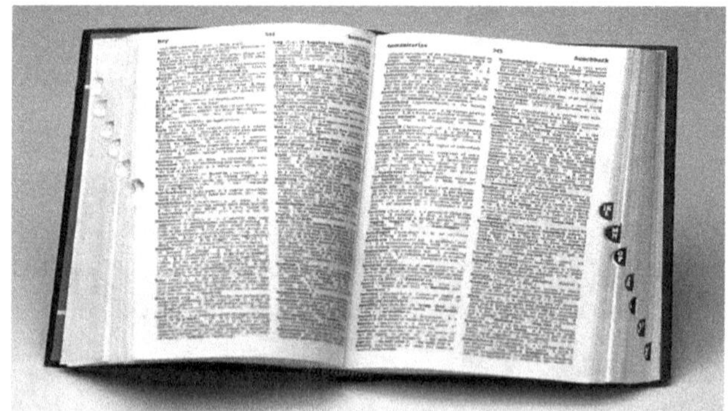

Apertura del vocabolario a metà

In questo modo si riduce di metà il volume del vocabolario da analizzare.

Poi si ripete tale procedurasulla metà del vocabolario che rimane da considerare: la si apre a metà e se la parola che si incontra in questo modo segue quella cercata, allora si scartano tutte le parole che la seguono, se invece la parola che si incontra nel vocabolario precede quella cercata, allora si scartano tutte le parole che la precedono.

Così si dimezza ogni volta la dimensione del vocabolario, e in breve si arriva a trovare la parola cercata, o a capire che essa non è presente nel vocabolario.

Gioco dell'indovina numero

Tu pensi un numero da 1 a 1000 e io provo ad indovinarlo.
Ad ogni tentativo mi devi dire, qualora non lo avessi indovinato, se il numero da indovinare è maggiore o minore di quello del mio tentativo.
Esempio: tu pensi 343

1° tentativo: 500
Poiché risulta 500 >343, tu mi dici che il numero da indovinare è minore di 500.
Pertanto io scarto tutti i valori da 500 in su e mi concentro sui primi 500.
2° tentativo: 250
Poiché risulta 250 <343, tu mi dici che il numero da indovinare è maggiore di 250.
Allora io scarto tutti i valori minori di 250 e restano i valori da 250 a 500 (estremi esclusi).
3° tentativo: (250 + 500)/2 = 375
Poichè risulta 375 >343, tu mi dici minore.
A questo puntomi restano i valori da 250 a 375 (estremi esclusi).
4° tentativo: (250 + 375)/2 = 312
Poichè risulta 312 <343, tu mi dici maggiore.
5° tentativo: (312 + 375)/2 = 343➔ INDOVINATO!!!

In sostanza, al massimo ci vogliono 10 tentativi, essendo
$\log_2 1000 \approx 10$
Infatti, ad ogni tentativo si dimezza la dimensione del campo di ricerca:

1) 1000
2) 500
3) 250
4) 125
5) 62
6) 31
7) 15
8) 7
9) 3
10) 1

Domanda: con numeri da 1 a 1000000, quanti tentativi occorrono al massimo?Risposta: 20

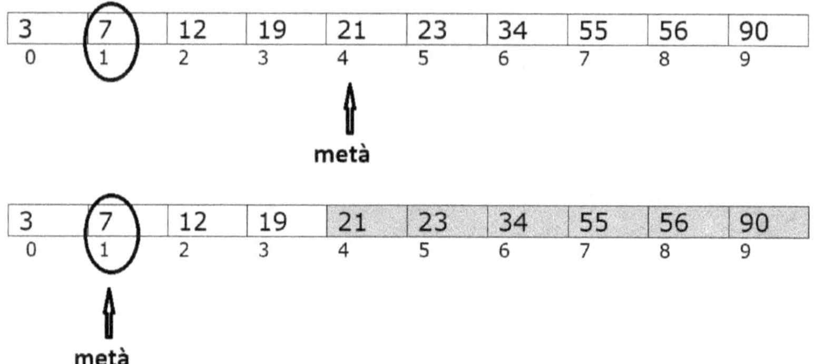

Esempio: la ricerca (dicotomica) del valore 7 parte da metà (in alto), il secondo tentativo a metà della parte rimanente consente di trovare il valore cercato (in basso)

Il codice del metodo di ricerca è il seguente:

```
public int RicercaDicotomica(int valoreCercato)
{
  int posizione = -1;  // per ora non l'ho trovato
  bool trovato = false;
  int inizio = 0;
  int fine = nValori - 1;
  int metà;
  while (inizio <= fine && ! trovato)
  {
    metà = (inizio + fine) / 2
```

```
      if (arr[metà] == valoreCercato)
      {
        trovato = true;
        posizione = metà;
      }
      else if (arr[metà] > valoreCercato)
      {
        fine = metà - 1;  // sposto la fine
      }
      else // risulta arr[metà] < valoreCercato
      {
        inizio = metà + 1;  // sposto l'inizio
      }
    }
    return posizione;
  }
```

Spostando l'inizio e la fine si dimezza di volta in volta la dimensione del campo di ricerca.

Se ad un certo punto il campo di ricerca diventa vuoto (ovvero si verifica che inizio>fine), significa che l'elemento cercato non è presente nell'array.

6) l'inserimento mantenendo in ordine i valori

L'obiettivo è quello di aggiungere un nuovo valore in un array mantenendolo ordinato.

L'algoritmo di inserimento di un nuovo valore in un array ordinato prevede di iniziare posizionando il nuovo valore in coda agli altri, nella prima casella libera.

Dopodiché si inizia un ciclo di controlli per vedere se si deve spostare il suddetto valore, facendolo avanzare di posto fino a raggiungere la collocazione adeguata al suo valore.

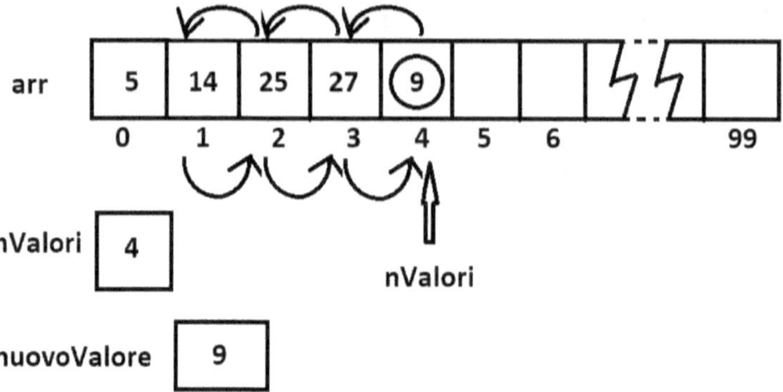

Inserimento del valore 9 in un array ordinato
contenente 4 valori

Ovviamente, ogni volta che il nuovo valore avanza di un posto nella graduatoria, si dovrà effettuare uno scambio con il valore che lo precede, per fargli posto.

Il codice della classe Contenitore con il metodo per l'inserimento ordinato è il seguente:

```
public class Contenitore
{
  // attributi
  private int[] array;
  private int nValori;

  // costruttore
  public Contenitore()
  {
    arr = new int[100];
    nValori =0;
  }

  public void InserisciInOrdine(int nuovoValore)
  {
    // inizialmente colloco il nuovo valore in coda
    // a quelli già presenti
    array[nValori] = nuovoValore;
    // ciclo di avanzamenti per il corretto
    // posizionamento del nuovo valore
    bool finito = false;
    // parto dalla posizione del nuovo valore
```

```
    int i = nValori;
    nValori++;  // aggiorno nValori
    while(i > 0 && ! finito)
    {
      // confronto con il precedente
      if (nuovoValore < array[i-1])
      {
        // scambio di posto
        arr[i] = arr[i-1];
        arr[i-1] = nuovoValore;
        // aggiorno la posizione del nuovo valore
        i--;
      }
      else
      { finito = true; }
    }
  }
}
```

Suggerimento: verificare mediante esecuzione passo passo che il suddetto codice funziona con i dati dell'esempio in figura.

Domanda: il suddetto metodo funziona se inizialmente l'array di destinazione del nuovo valore è vuoto?

Scambio di valori (swap)

Lo scambio di valori tra due variabili richiede l'uso di una terza variabile di appoggio, in modo del tutto analogo a come si farebbe con dei barattoli contenenti del liquido da scambiare uno con l'altro.

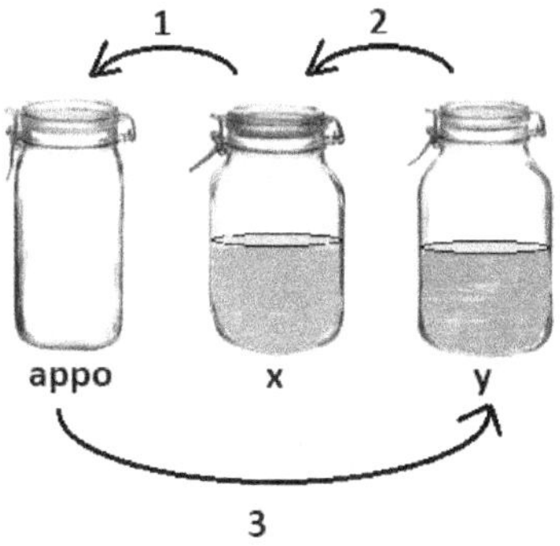

Scambio di contenuto tra x e y

La sequenza delle assegnazioni è la seguente:

```
// swap tra x e y
appo = x;
x = y;
y = appo;
```

7) la verifica di una determinata condizione sui valori dell'array come ad esempio la verifica che siano in ordine

Con la tecnica, già vista, del "mi fido ma controllo", risulta agevole verificare se i valori di un array sono in ordine.

In pratica si inizia ipotizzando che la condizione richiesta sia vera e poi si va a controllare se c'è un qualche elemento dell'array che non la rispetta.

ESERCIZIO SVOLTO 9.2

Scrivere un metodo per la classe Contenitore che verifica se i valori dell'array sono disposti in ordine crescente e ritorna true in caso affermativo e false in caso contrario.

Soluzione:

```
public bool IsOrdinato()
{
  // tecnica del "mi fido, ma controllo!"
  bool ordinato = true;  // risultato provvisorio
  int i = 1;  // parto dal secondo valore
  while(i < nValori && ordinato)
  {
    if (array[i] < array[i-1])
```

```
    {
      // ho trovato un valore che viola
      // la condizione di ordine crescente
      ordinato = false;
    }
    else
    { i++; }
  }
  return ordinato;
}
```

ESERCIZIO SVOLTO 9.3

Scrivere un metodo per la classe Contenitore per verificare se tutti i valori di un array sono uguali tra loro.

Soluzione:

Osservazione: per la proprietà transitiva dell'uguaglianza, se tutti i valori sono uguali al primo valore dell'array, allora sono tutti uguali tra loro.

```
public bool SonoTuttiUguali()
{
  // tecnica del "mi fido, ma controllo!"
  bool uguali = true;  // risultato provvisorio
  int i = 1;  // parto dal secondo valore
  while(i < nValori && uguali)
  {
    if (array[i] != array[0])
    {
      // ho trovato un valore diverso
      uguali = false;
    }
    else
    { i++; }
  }
  return uguali;
}
```

8) l'ordinamento dei valori

L'ordinamento dei valori di un array è uno dei problemi classici dell'informatica. Infatti, la consultazione di un elenco di valori e anche la ricerca di un singolo valore risultano enormemente facilitate se i valori stessi sono disposti in ordine.

In letteratura si trovano molti possibili algoritmi, talvolta anche piuttosto complicati. In generale gli algoritmi più semplici e intuitivi (bubble sort, insertion sort, selection sort) sono mediamente meno efficienti di altri (merge sort, quicksort, heap sort), tuttavia essi risultano validi e addirittura preferibili a questi ultimi, per array di numerosità relativamente bassa.

Tra i vari confronti di prestazioni (benchmark) si cita illavoro di HashanPunchihewa [3] che confronta i tempi di esecuzione di diversi algoritmi di ordinamento su array contenenti numeri interi generati in modo random, utilizzando un computer dotato di processore Intel Core i5.

Dal grafico si vede che, per una numerosità di 100000 elementi, con un semplice insertion sort occorre pressoché 1 secondo di tempo e con il selection sort il tempo è di circa 3 secondi. Il bubble sort invece è sconsigliato (15 secondi).

Questi algoritmi hanno tempi di esecuzione con ordine di grandezza quadratico rispetto alla dimensione n dell'array $O(n^2)$.

Gli algoritmi più complessi merge sort e heap sort per n = 100000 richiedono circa 15 ms e il quicksort circa 60 ms: si tratta di tempi di esecuzione con ordine di grandezza O(n log(n)).

[3]Hashan Punchihewa, "Analysis of Sorting Algorithms", 19 marzo 2017, https://hashanp.xyz/algorithms.html

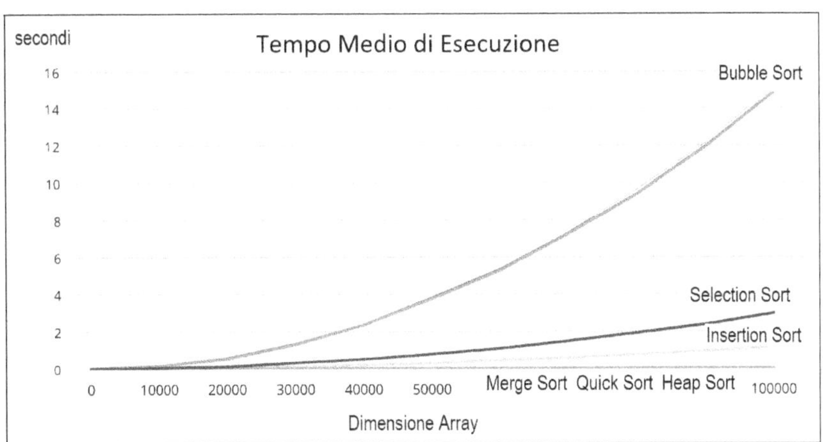

Confronto di prestazioni tra algoritmi di ordinamento

Pertanto, tra gli algoritmi più semplici, vengono ora proposti l'insertion sort e il selection sort.

L'algoritmo di **ordinamento per inserzione (insertion sort)** consiste nell'inserire idealmente gli elementi di un array uno alla volta, mantenendo l'ordine dell'array stesso man mano che essi vengono inseriti.

Questo algoritmo è molto intuitivo ed è ispirato al giocatore di carte che, per sistemare le carte che ha in mano, ne prende una alla volta e la posiziona correttamente in ordine.

Ordinamento delle carte da gioco in mano

La codifica in C# può essere la seguente:

```
// versione con scomposizione del problema
public void InsertionSort()
{
  // si considera l'array con il primo elemento
  // già in ordine (se fosse da solo), poi si immagina
  // di inserire man mano tutti gli altri elementi,
  // dal secondo in poi
  for(int i = 1; i < nValori; i++)
  {
     // utilizzo il metodo di inserimento di un valore
     // a partire dalla posizione i
     InserisciInOrdine(i);
  }
}

public void InserisciInOrdine(int indice)
{
  // ciclo di avanzamenti per il corretto
  // posizionamento del valore che inizialmente
  // si trova in posizione indice
  int j = indice;  // parto dalla posizione indice
  int appo = array[indice];
  while(j > 0 && appo < array[j-1])
  {
    // spostamento del valore che precede
    array[j] = array[j-1];
    // aggiorno la posizione del valore considerato
    j--;
  }
  // riposiziono l'elemento considerato
  array[j] = appo;
}
```

La suddetta scomposizione del programma in due metodi ha facilitato la scrittura del codice. Altrimenti si sarebbe dovuto scrivere un doppio ciclo di elaborazione:

```
// versione con doppio ciclo
public void InsertionSort()
{
  // si considera l'array con il primo elemento
  // già in ordine, poi immagino di dovervi inserire
  // man mano tutti gli elementi dal secondo in poi
  for(int i = 1; i < nValori; i++)
  {
    int j = i;  // posizione iniziale dell'elemento
                // che sto considerando
```

```
    int appo = array[i]; // il valore di tale elemento
    // ciclo per riposizionare tutti gli elementi
    // che risultano > di quello che sto considerando
    while(j > 0 && appo < array[j-1])
    {
      array[j] = array[j-1];
      j--;
    }
    // riposiziono l'elemento considerato
    array[j] = appo;
  }
}
```

Il ciclo while annidato dentro il ciclo for fa si che, per ogni valore assunto dalla variabile i, la variabile j venga fatta variare a partire dal valore di i e diminuisca tutt'al più fino a 1.

Efficienza dell'algoritmo:
Con n elementi nell'array, ci si aspetta di effettuare n-1 confronti nel caso migliore (array già ordinato), 1 + 2 + 3 + ... + (n-1) = $n*(n-1)/2 \approx n^2/2$ confronti nel caso peggiore e mediamente $(n-1)(n+2)/4 \approx n^2/4$ confronti.

La figura mostra i vari passaggi di ordinamento applicati ad un piccolo array di 6 numeri interi:

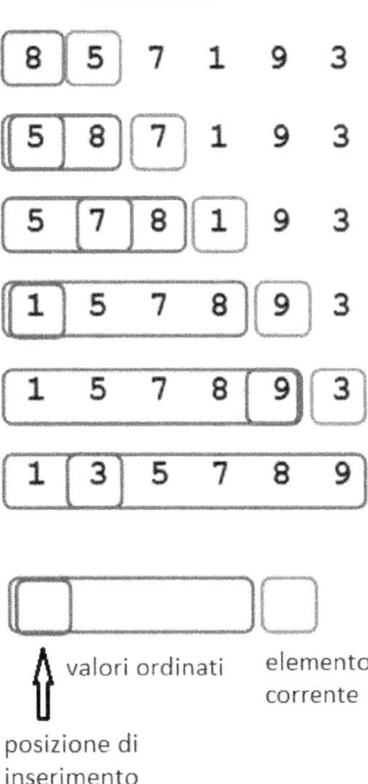

L'algoritmo di **ordinamento per selezione (selection sort)**, invece, inizia selezionando il valore minore contenuto nell'array e lo posiziona al primo posto, poi procede selezionando il valore minore dal secondo posto in poi e lo mette al secondo posto, e così via.

Una possibile codifica è la seguente:

```
public void SelectionSort()
{
  // si parte dal primo elemento e ci si ferma al
  // penultimo. Infatti, se sono stati selezionati gli
  // n-1 elementi più piccoli, allora l'ultimo è
  // sicuramente il più grande di tutti
  for(int i = 0; i < array.Length - 1; i++)
  {
    int posizioneMinimo = i; // si parte dall'i-esimo elemento
    // ciclo per trovare il minimo
    for(int j = i + 1; j < nValori; j++)
    {
      if (array[j] < array[posizioneMinimo])
      { posizioneMinimo = j; }
    }
    //se la posizione del minimo è diversa da quella
    // dell'elemento di partenza, allora si fa lo scambio
    if (posizioneMinimo != i)
    {
      // scambio
      int appo = array[posizioneMinimo];
      array[posizioneMinimo] = array[i];
      array[i] = appo;
    }
  }
}
```

Efficienza: questo algoritmo prevede di effettuare in ogni caso n*(n-1)/2 confronti.

La figura esemplifica l'applicazione di tale algoritmo allo stesso array di 6 elementi del caso precedente:

Esercizio di Pratica Manuale

Prendere alcuni di fogli di carta, numerarli e mescolarli.

A questo punto rimettere in ordine i fogli utilizzando prima l'algoritmo di insertion sort e poi quello di selection sort.

Fogli numerati da riordinare

Selection Sort

8 5 7 1 9 3

1 5 7 8 9 3

1 3 7 8 9 5

1 3 5 8 9 7

1 3 5 7 9 8

1 3 5 7 8 9

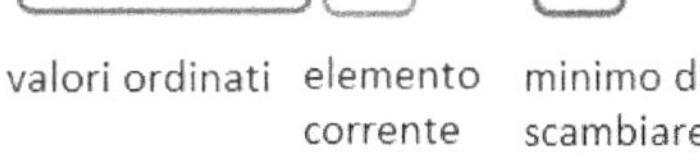

Che algoritmo di ordinamento avreste applicato spontaneamente?

10.Manipolazione di stringhe

Il tipo string rappresenta dati di tipo testuale, ovvero sequenze, o stringhe, di caratteri.

In pratica una stringa coincide con un array di caratteri e come tale si può accedere a ciascuno dei caratteri che la compongono esattamente come se si trattasse di un array:

```
string s = "esempio";
char c = s[0];  // estrazione del primo carattere  'e'
```

Nei linguagggi di programmazione moderni, per questioni di efficienza, le stringhe in memoria RAM vengono trattate come "oggetti immutabili".

Questo significa che se alla stringa "ciao "si concatena la stringa "mamma" viene creata una nuova stringa con il risultato "ciao mamma".

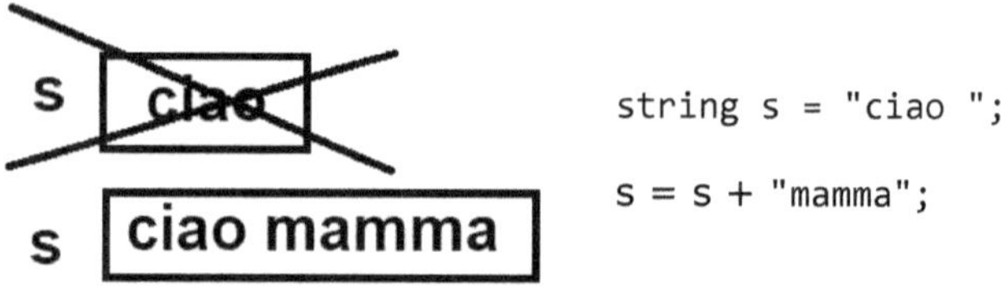
s
ciao
s
ciao mamma
string s = "ciao ";
s = s + "mamma";

Costruzione di una nuova stringa in memoria

Inoltre se alla variabile s si assegna la stringa "esempio" e anche alla variabile t si assegna la stringa "esempio", in memoria ci sarà un'unica stringa "esempio" a cui si accede con entrambe le variabili s e t.

s
t
esempio

```
string s = "esempio";
string t = "esempio";
```

Due variabili riferite alla medesima stringa in memoria

Pertanto l'operatore di confronto == può essere utilizzato per verificare l'uguaglianza, anzi l'identità, di due stringhe:

```
if (s == t)  // risulta true;
```

Per verificare l'uguaglianza di due stringhe si può anche utilizzare il metodo Equals(), che viene tipicamente utilizzato per il confrontare il valore di due oggetti:

```
if (s.Equals(t))  // risulta true;
```

Stringhe mutabili

La classe **StringBuilder** consente di gestire in modo efficiente una stringa di testo di contenuto variabile, senza il bisogno di ricostruire ad ogni modifica una nuova stringa ma piuttosto modificando il medesimo oggetto.
Conviene scegliere questo tipo piuttosto che il tipo string nel caso in cui si abbia un testo lungo soggetto a continue modifiche, come quando si deve comporre un testo concatenando assieme un gran numero di stringhe, mediante un ciclo di lavoro.
Per avere un'idea del funzionamento di uno StringBuilder si vedano le seguenti istruzioni:

```
// occorre la direttiva using System.Text;
//
// creazione e aggiunta di alcune stringhe al testo
StringBuilder testo = new StringBuilder();
testo.Append("ciao ");
testo.Append("mamma");
testo.AppendLine();  // per andare a capo
testo.Append("Seconda riga di testo");
testo.Replace("ciao", "auguri");
// modifica del primo carattere
// questa operazione NON si può fare con le stringhe!!!
testo[0] = 'A';

Console.WriteLine(testo.ToString());
// si ottiene:
```

Auguri mamma
Seconda riga di testo

```
// rimuovo 2 caratteri a partire dalla posizione 3
testo.Remove(3, 2)  // rimuove  "ur"
// si ottiene:
```

```
Augi mamma
Seconda riga di testo

// inserisco una stringa dalla posizione 3
testo.Insert(3, "ur");
// si ottiene:

Auguri mamma
Seconda riga di testo

// rimuovo 7 caratteri a partire dalla posizione 0
testo.Remove(0, 7);
// si ottiene:

mamma
Seconda riga di testo
```

I dati di tipo testuale sono molto utilizzati nei programmi, sia per la memorizzazione di informazioni sia per il dialogo con l'utente. Pertanto i framework di programmazione sono ricchi di funzioni per la manipolazione delle stringhe.

Il Microsoft .NET Framework fornisce una serie di metodi di manipolazione delle stringhe quali:

Length proprietà delle stringhe che fornisce la lunghezza della stringa, ovvero il numero di caratteri che la costituiscono:

```
string s = "esempio";
// niente parentesi dopo Length
int lunghezza = s.Length; // 7 caratteri
```

CompareTo() metodo per effettuare un confronto con un'altra stringa. Esso restituisce -1, 0. +1 a seconda dell'ordine alfabetico (o meglio lessicografico) con la stringa passata come argomento alla funzione.

Esempi:

```
string s = "esempio";
int esito = s.CompareTo("zorro");  // -1
```

```
// "esempio" precede "zorro" nell'ordine alfabetico
esito = s.CompareTo("esempio");  // 0, sono uguali
esito = s.CompareTo("alfa");  // +1
// "esempio" segue "alfa" nell'ordine alfabetico
```

Contains() per vedere se la stringa passata come argomento è contenuta o meno nella stringa chiamante:

```
string s = "esempio";
bool contiene = s.Contains("ese");  // true
contiene = s.Contains("pippo");  // false
```

StartsWith(), EndsWith() per vedere se la stringa passata come argomento si trova all'inizio (o, rispettivamente, alla fine) della stringa chiamante:

```
string s = "esempio";
bool inizia = s.StartsWith("ese");  // true
bool finisce = s.EndsWith("pio");  // true
```

IndexOf() per trovare la posizione iniziale della sottostringa o del carattere passati come argomento. Viene considerata la prima occorrenza di tale sottostringa o carattere:

```
string s = "esempio";
int posizione = s.IndexOf("se");  // 1
posizione = s.IndexOf("senza"); // -1 perché non c'è
posizione = s.IndexOf('e'); // 0
```

Si comporta analogamente il metodo **LastIndexOf()**, che però inizia la ricerca dalla fine della stringa.

IsNullOrEmpty() per verificare se una stringa è null oppure contiene una stringa "vuota", come nel caso delle due seguenti stringhe:

```
string s1 = null;
string s2 = "";
```

s1.IsNullOrEmpty() equivale a s1==null || s1==""

PadLeft(), PadRight() imbottiscono la stringa chiamante a sinistra, oppure a destra, con il carattere specificato, fino a farle raggiungere la lunghezza desiderata:

```
string s = "";
s.PadRight(5, '+');  // si ottiene "+++++"
```

SubString()estrae dalla stringa chiamante la sottostringa che inizia dalla posizione indicata e della lunghezza specificata:

```
string s = "esempio";
string estratto = s.SubString(2,3); // estrae "emp"
```

Se non si specifica il secondo parametro, ovvero la lunghezza, vengono estratti i caratteri fino alla fine della stringa:

```
string s = "esempio";
string estratto = s.SubString(2); // estrae "empio"
```

Trim() per rimuovere dall'inizio e dalla fine della stringa chiamante tutti gli spazi (per default) oppure tutte le occorrenze del carattere specificato:

```
string s1 = "   esempio   ";
s1 = s1.Trim(); // si ottiene "esempio" senza gli spazi
string s2 = "000123400";
s1 = s1.Trim('0'); // si ottiene "1234" senza gli zeri
```

TrimStart() e **TrimEnd()** sono come Trim() ma agiscono, rispettivamente, solo all'inizio o alla fine della stringa.

ToLower() e **ToUpper()** convertono tutti i caratteri della stringa, rispettivamente, in minuscolo o in MAIUSCOLO:

```
string s = "esempio";
s = s.ToUpper();  // si ottiene "ESEMPIO"
```

Split() suddivide il contenuto di una stringa in tante componenti di un array di stringhe, usando come separatore il carattere specificato (come parametro si può anche fornire un array di caratteri da considerare come separatori):

```
string s = "mele,pere,albicocche";
string[] parole = s.Split(',');
// si ottiene un array di 3 componenti per le 3 parole
// "mele""pere""albicocche"
```

Spesso risulta utile l'opzione che consente di eliminare dal risultato le stringhe vuote, che si avrebbero quando ci sono due separatori consecutivi:

```
string numeri = "98,114,,56;57";
// si considera un array di separatori contenente , e ;
char[] separatori = newchar[]{',',';'};
string[] arrNumeri = numeri.Split(separatori,
                          StringSplitOptions.RemoveEmptyEntries)
// si ottiene un array con le seguenti stringhe:
// "98""114""56""57"
```

ESERCIZIO SVOLTO 10.1

Nella classe CodiceFiscale di una persona, con attributi cognome, nome, sesso, data di nascita, comune (o stato estero) di nascita, scrivere il metodo per estrarre dal cognome le prime 3 consonanti; nel caso in cui non ci fossero sufficienti consonanti, aggiungere delle X. Esempi: ROSSI → RSS, BO → BXX

Soluzione:

Conviene procurarsi una stringa con consonanti per facilitare l'individuazione delle stesse nella stringa di partenza.

```
public class CodiceFiscale
{
  // attributi
  private string cognome;
  private string nome;
  private char sesso;
  private DateTime dataNascita;
  private string comuneNascita; // o stato estero

  // costruttore
  public CodiceFiscale(string unCognome, string unNome,
         char unSesso, DateTime unaData, string unComune)
  {
     // trasformazione in maiuscolo
     cognome = unCognome.ToUpper();
     nome = unNome.ToUpper();
     sesso = unSesso;
     dataNascita = unaData;
     comuneNascita = unComune;
  }

  public string EstraiConsonantiCognome()
  {
    string risultato = "";
    string consonanti = "BCDFGHJKLMNPQRSTVWXYZ";
    for(int i = 0; i < nome.Length; i++)
    {
      // prendo l'i-esimo carattere del nome
      char c = nome[i];
      int pos = consonanti.IndexOf(c))
      if (pos > 0)
      {
        // si tratta di una consonante, quindi
        // concateno il carattere alla stringa
        risultato = risultato + c;
      }
    }
    // nel dubbio aggiungo 3 X
    risultato = risultato + "XXX";
    // restituisco la sottostringa dei primi 3 car.
    risultato = risultato.SubString(0, 3);
    return risultato;
  }
}
```

La scomposizione del problema

Quando si deve affrontare la soluzione di un problema di calcolo piuttosto articolato, conviene scomporre il problema in sottoproblemi più piccoli e facilmente risolvibili.
La soluzione del problema originario viene poi ottenuta combinando assieme le soluzioni dei singoli sottoproblemi.

Si consideri ad esempio il problema del calcolo del Codice Fiscale di una persona fisica.

In base ai criteri stabiliti dal Ministero delle Finanze,il Codice Fiscale è composto da 16 caratteri alfanumerici estratti dai dati anagrafici della persona. Ad esempioil Codice Fiscale di Mario Rossi -nato a Roma il 01/01/1980 risulta essere RSSMRA80A01H501U

Il codice fiscale di Mario Rossi

Esso ècomposto in questo modo:

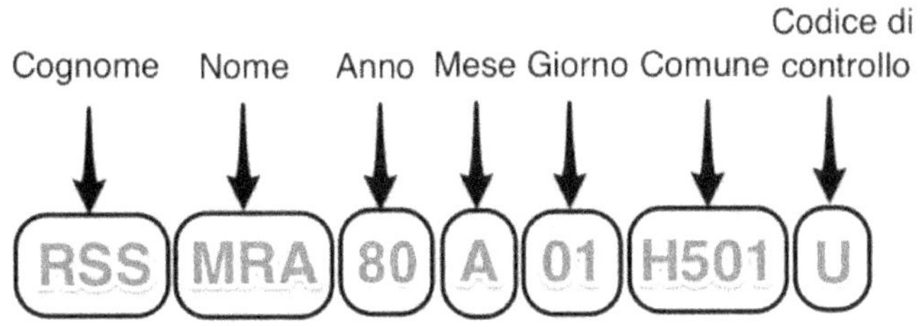

3 caratteri alfabetici per il cognome;
3 caratteri alfabetici per il nome;
2 caratteri numerici per l'anno di nascita;
1 carattere alfabetico per il mese di nascita;

2 caratteri numerici per il giorno di nascita ed il sesso;
4 caratteri associati al Comune oppure allo Stato estero di nascita.
1 carattere alfabetico usato come carattere di controllo.

- **Cognome**: Si prendono 3 caratteri che sono la 1^, la 2^ e la 3^ consonante, se le consonanti sono meno di 3 si aggiungono le vocali nell'ordine in cui compaiono nel cognome.
- **Nome**: Si prendono 3 caratteri che sono la 1^, la 3^ e la 4^ consonante, se il numero di consonanti è inferiore a 3 si aggiungono le vocali.
- **Anno**: Per l'anno vengono prese semplicemente le ultime 2 cifre.
- **Mese**: Per quanto riguarda il mese, esiste una tabella di conversione in cui ad ogni mese viene associata una lettera dell'alfabeto: (A = Gennaio, B = Febbraio, C = Marzo, D E H L M P R S, T = Dicembre).
- **Giorno**: Basta riportare il numero del giorno, con il particolare che per le persone di sesso femminile il numero deve essere incrementato di 40.
- **Comune di nascita**: E' composto da 4 caratteri alfanumerici e viene rilevato dal database dei codici dei comuni italiani (es.: ROMA = H501) - vedi

https://www.agenziaentrate.gov.it/portale/it/web/guest/schede/fabbricatiterreni/archivio-comuni-e-stati-esteri/consultazione-archivio-comuni-stati-esteri

- **Codice di controllo**: E' composto da 1 carattere e serve a verificare la correttezza dei precedenti caratteri in fase di digitazione.

Pertanto, per calcolare il codice fiscale conviene scrivere più metodi, uno per ciascuna delle suddette parti in cui è suddiviso il codice fiscale e poi scrivere un metodo per riunire i risultati di questi calcoli:

```
public string CalcolaCodiceFiscale()
{
  string risultato = EstraiConsonantiCognome()
                   + EstraiConsonantiNome()
                   + EstraiAnno()
                   + EstraiMese()
                   + EstraiGiorno()
                   + CodiceComune()
                   + CalcolaCarattereDiControllo();
  return risultato;
}
```

La scomposizione di un problema in sottoproblemi ha anche il grosso vantaggio che il metodo scritto per risolvere un qualche sottoproblema potrebbe essere utilmente utilizzato in diversi punti di un programma.

Il tipo DateTime

Per la memorizzazione delle date e di istanti temporali, il .Net Framework fornisce il tipo DateTime, che viene definito con tutte le sue operazioni dalla classe DateTime.
Per memorizzare una data, il costruttore richiede i valori interi di anno, mese e giorno.
Le proprietà Year, Month e Day consentono di estrarre le componenti dell'oggetto in questione.
Esempi:

```
DateTime data1 = new DateTime(2020, 6, 30);
DateTime oggi = DateTime.Today; // 6/7/2020 12:00:00 AM
DateTime adesso = DateTime.Now; // 6/7/2020 2:52:14 PM
Console.WriteLine(data1);// 6/30/2020 12:00:00 AM
Console.WriteLine(data1.Year);// 2020
Console.WriteLine(data1.Month);// 6
Console.WriteLine(data1.Day);// 30
Console.WriteLine(data1.DayOfWeek);  // Tuesday
Console.WriteLine(data1.DayOfYear);  // 182
DateTime domani = oggi.AddDays(1);
DateTime ieri = oggi.AddDays(-1);
```

Per le altre operazioni sulle date si invita il lettore a consultare la documentazione ufficiale di Microsoft.

Il **tipo TimeSpan**, invece, consente di memorizzare un lasso temporale, ovvero un periodo di tempo intercorrente tra due date o tra due istanti temporali.

```
// Il costruttore vuole i valori di Giorni, Ore,
// Minuti, Secondi, Millisecondi
TimeSpanspan = new TimeSpan(1, 2, 0, 30, 0);
```

Ad esempio, ad un oggetto di tipo DateTime si può aggiungere un TimeSpan e ottenere un nuovo istante temporale.

ESERCIZIO SVOLTO 10.2

Scrivere un metodo per il controllo del bilanciamento delle parentesi di una espressione algebrica.

Ad esempio:

e1 = "20+((5-2)*(3+2))" bilanciata
e2 = "20+((5-2)*(3+2)))" una) di troppo
e3 = "20+((5-2)*(3+2)" manca una)
e4 = "20+((5-2(*(3+2))" parentesi sbilanciate

Nota: non basta contare il numero di parantesi aperte e confrontarlocon quello delle parentesi chiuse, come si può vedere dall'espressione e4.

Soluzione:

Metodo risolutivo: l'idea è quella di leggere l'espressione un carattere alla volta e tenere conto via via del bilancio delle parentesi aperte e chiuse: deve sempre risultare che il numero di parantesi aperte sia ≥ del numero di parentesi chiuse fino a quel momento, inoltre alla fine dell'espressione tali numeri devono risultare uguali.

```
public class Espressione
{
  private string e;

  public Espressione(string unaEspressione)
  { e = unaEspressione; }

  public bool HaParentesiBilanciate()
  {
    bool esito = true; // "mi fido ma controllo"
    // il bilancio delle parentesi è dato dal numero
    // di parentesi aperte meno il numero di parentesi chiuse
    int bilancio = 0;
    int i=0;
    while(i < e.Length && esito == true)
    {
```

```
      if (e[i] == '(')
      { bilancio++; }
      else if (e[i] == ')')
      { bilancio--; }
      if (bilancio < 0) // ho chiuso troppe parentesi
      {
        esito = false; // esco dal ciclo
      }
      else { i++;}
    }
    // ricordarsi di controllare che il numero di
    // parentesi alla fine sia comunque bilanciato
    if (bilancio > 0)
    { esito = false; }
    return esito;
  }
}
```

TEST DI CORRETTEZZA: si provi a testare mentalmente la procedura con le suddette 4 espressioni.

Variante: modificare il suddetto programma in modo che ritorni la posizione dove riscontra il problema sulle parentesi; nel caso che non ci fossero problemi, restituire -1

Esempi:

```
e1 = "20+((5-2)*(3+2))"         posizione = -1
e2 = "20+((5-2)*(3+2)))"        posizione = 16
                      ^
e3 = "20+((5-2)*(3+2)"          posizione = 15
                     ^
e4 = "20+(5-2)*)3+2)"           posizione = 9
               ^
e5 = "20+()5-2)*(3+2))"         posizione = 8
              ^
```

```
// metodo che restituisce la posizione dell'errore
// nel bilanciamento delle parentesi
public int ControllaParentesiBilanciate()
{
  bool esito = true; // "mi fido ma controllo"
  int bilancio = 0;
  int posizione = -1;
  int i = 0;
```

```
  while(i < e.Length && esito == true)
  {
    if (e[i] == '(')
    { bilancio++; }
    else if (e[i] == ')')
    { bilancio--; }
    if (bilancio < 0) // ho chiuso troppe parentesi
    {
      esito = false; //esco dal ciclo
      posizione = i;
    }
    else { i++;}
  }
  // ricordarsi di controllare che il numero di
  // parentesi alla fine sia comunque bilanciato
  if (bilancio > 0)
  {
    esito = false;
    posizione = e.Length;
    // coincide con il valore di i
    // ma è preferibile evitare di usare la variabile i
    // fuori dal ciclo, in quanto il suo ruolo è solo quello
    // di controllare il ciclo stesso!
  }
  return posizione;
}
```

ESERCIZIO SVOLTO 10.3

Compressione RLE (Run Length Encoding) di una stringa con caratteri alfabetici. Si tratta di una forma di compressione senza perdita di informazioni che sostituisce una sequenza di n simboli uguali con il numero n seguito dal simbolo che viene ripetuto. Questa tecnica è utilizzata dai fax (che trasmettono immagini con soli due livelli di colore: bianco e nero) e nel formato BMP delle immagini con pochi livelli di colore.

Esempio: AAAAAABBBAAA ➔ 6A3B3A
il rapporto di compressione è 6/12 = 50%

Come tutti gli algoritmi di compressione dati, il rapporto di compressione varia a seconda del contenuto della stringa in esame.

Si potrebbe anche avere un peggioramento rispetto alla stringa di partenza: ABAB ➔ 1A1B1A1B

In questo caso il rapporto di compressione = 200% esprime il fatto che la lunghezza della stringa è aumentata, addirittura raddoppiata!

Algoritmo: si considerano con un ciclo tutti i caratteri dal primo al penultimo e si confronta il carattere corrente con il successivo per stabilire se la sequenza continua oppure si interrompe. In quest'ultimo caso si deve aggiungere al risultato il conteggio dei caratteri uguali incontrati e il carattere stesso:

```
public class Messaggio
{
  private string frase;

  public Messaggio(string unaFrase)
  { frase = unaFrase; }

  public string Comprimi()
  {
    string fraseCompressa = "";
    int cont = 1;
    for (int i = 0; i < frase.Length - 1; i++)
    {
      if (frase[i] == frase[i+1])
      { cont++; }
      else
      {
        fraseCompressa = fraseCompressa + cont + frase[i];
        cont = 1;  // ora inizia una nuova sequenza
      }
      // per considerare l'ultimo carattere
      // si deve aggiungere questa istruzione
      if (i == frase.Length - 2)
      {
        fraseCompressa = fraseCompressa + cont + frase[i+1];
```

```
      }
    }
    return fraseCompressa;
  }
}
```

E' sempre importante effettuare dei test di correttezza del programma, tenendo conto che i momenti critici di un ciclo sono tipicamente l'inizio e la fine.

Si propone la seguente batteria di test:

AABBB ➔ 2A3B
AABBBC ➔ 2A3B1C
ABBB ➔ 1A3B

Per semplificare il programma, si può usare la "**tecnica del tappo**" che consiste nell'appendere alla stringa un carattere esterno al dominio dei caratteri validi, come un '*' oppure un carattere non stampabile come '\0'. Così facendo non è più necessario gestire in modo differenziato l'ultimo carattere della stringa:

```
// versione con "tappo"
public string Comprimi()
{
  string frasex = frase + '*';  // aggiungo il tappo
  string fraseCompressa = "";
  int cont = 1;
  for(int i = 0; i < frasex.Length - 1; i++)
  {
    if (frasex[i] == frasex[i+1])
    { cont++; }
    else
    {
      fraseCompressa = fraseCompressa + cont + frasex[i];
      cont = 1;  // ora inizia una nuova sequenza
    }
  }
  return fraseCompressa;
}
```

Ad esempio si ottiene:

AABBBC* ➔ 2A3B1C

ESERCIZIO SVOLTO 10.4

Esercizio: scrivere un programma per cercare un singolo carattere in una stringa.

Esempi:
Cerca('A') in "CIAO"➔ 2 trovato in posizione 2
Cerca('Z') in "CIAO"➔ -1 non trovato

Provare a scriverne una versione con la tecnica del tappo. Quale dovrà essere il tappo? _______________

Soluzione:

```
public class Messaggio
{
  private string frase;

  public Messaggio(string unaFrase)
  { frase = unaFrase; }

  public int Cerca(char c)
  {
    // aggiungo come tappo alla stringa frase
    // il carattere cercato c
    string s = frase + c;
    int pos = 0;
    while (s[pos] != c) // di sicuro troverò c dentro s
    { pos++; }
    if (pos == frase.Length) // sono arrivato al tappo
    { pos = -1; }  // non trovato
    return pos;
  }
}
```

ESERCIZIO SVOLTO 10.5

Scrivere un metodo per suddividere le parole di una frase (split) separate da spazi e restituirle dentro un array, senza utilizzare il metodo Split() delle stringhe!

Es.: dalla stringa "ciao mamma ora esco" si ottiene

ciao	mamma	ora	esco

Algoritmo proposto: si scandiscono tutti i caratteri della frase e via via questi vengono accumulati in una stringa di appoggio, quando si incontra uno spazio si aggiunge all'array la parola che si trova nella stringa di appoggio (se questa stringa non è vuota) e poi si svuota la stringa di appoggio.

Si deve anche decidere che cosa fare se ci sono due o più spazi consecutivi: si possono considerare come se fossero un solo spazio e quindi evitare di estrarre parole vuote (di lunghezza zero).

```
public class Messaggio
{
  private string frase;

  public Messaggio(string unaFrase)
  { frase = unaFrase; }

  public string[] Split()
  {
    string appoggio = "";
    // si prevede un massimo di 100 parole
    string[] parole = new string[100];
    int n = 0; // numero di parole estratte finora
    for (int i = 0; i < frase.Length; i++)
    {
      if (frase[i] != ' ')
      { appoggio = appoggio + frase[i]; }
      else
      {
        if (appoggio != "")
```

```
        {
          parole[n] = appoggio;
          appoggio = "";
          n++;
        }
      }
    }
    // ci si deve ricordare dell'ultima parola trovata
    if (appoggio != "")
    {
      parole[n] = appoggio;
      n++;
    }
    // ridimensiono l'array
    // il metodo Array.Resize richiede un array passato per
    // riferimento e la sua nuova dimensione
    // il passaggio per riferimento consente al metodo di
    // sostituire tale array con un nuovo array avente la
    // dimensione richiesta e una copia dei valori originari
    Array.Resize(ref parole, n);
    return parole;
  }
}
```

Nota: per evitare di dover scrivere dopo il ciclo for le istruzioni per gestire l'ultima parola trovata, è sufficiente aggiungere alla frase un tappo costituito da uno spazio:

```
string frasex = frase + "";
```

ESERCIZIO SVOLTO 10.6

Rimuovere i tag da una stringa in formato HTML.

Esempio: a partire dalla stringa contenente

```
<html>
<body>
<h1>Titolo</h1>
<img src="foto.jpg">
<p>Questa è una frase</p>
```

```
</body>
</html>
```

si ottiene

```
Titolo
Questa è una frase
```

Algoritmo proposto: per eliminare tutti i tag, ovvero gli elementi racchiusi dalle parentesi angolate come <html>, si scandiscono tutti i caratteri della stringa; quando si incontra un < si entra nello stato di "tag" dove si rimane finchè si incontra un > e nel frattempo si scartano tutti i caratteri che si incontrano, se invece si incontra un carattere diverso da < e non si è nello stato di "tag", allora tale carattere viene aggiunto alla stringa del risultato.

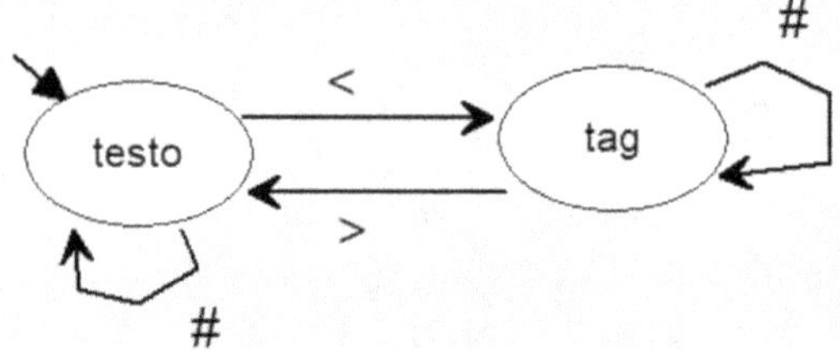

Diagramma degli stati dell'algoritmo

Il diagramma degli stati illustra graficamente la logica dell'algoritmo: si inizia dallo stato "testo" e si effettuano le transizioni di stato indicate dalle frecce. Con il simbolo # si intende qualsiasi altro carattere.

Il codice in linguaggio C# è il seguente:

```
public class Pagina
{
  private string testoHtml;

  public Pagina(string unTestoHtml)
  { testoHtml = unTestoHtml; }

  // si suppone che il testo HTML sia ben formato
  public string TogliTag()
```

```
  {
    string risultato = "";
    string stato = "testo";  // stato iniziale
    for (int i = 0; i < testoHtml.Length; i++)
    {
      if (stato == "testo")
      {
        if (testoHtml[i] == '<')
        { stato = "tag"; }
        else // per qualsiasi altro carattere (#)
        {
          // aggiungo il carattere al risultato
          risultato = risultato + testoHtml[i];
        }
      }
      else if (stato == "tag")
      {
        if (testoHtml[i] == '>')
        { stato = "testo"; }
        // else (#)
        // ignoro il carattere non facendo nulla
      }
    }
    return risultato;
  }
}
```

Nota: nel suddetto programma è necessario utilizzare una variabile di stato per distinguere se il carattere corrente si trova dentro oppure fuori da un tag, ovvero per conoscere il contesto dove esso è inserito.

Infatti, in assenza di questa informazione non si sarebbe in grado di decidere se tenerlo o meno!

VERIFICA LE TUE COMPETENZE 2

(1) Scrivere un metodo static nella classe Matematica per calcolare la somma della serie armonica ridotta ai primi n termini, con n fornito in input (si suppone n>0):

somma = 1 + 1/2 + 1/3 + ... + 1/n

(2) Nella classe Matematica, aggiungere un metodo static per calcolare la somma delle potenze del 2 (con n>0 fornito in input):

somma = $2^0 + 2^1 + 2^2 + ... + 2^n$

Conviene calcolare le potenze usando il prodotto per 2

(3) Scrivere un metodo static nella classe Matematica per convertire un numero binario in base 10.

Esempio: 101011 = $2^0 + 2^1 + 2^3 + 2^5 = 43$

Il numero binario viene fornito in input sotto forma di stringa di caratteri.

(4) Scrivere un metodo nella classe Messaggio (che ha come attributo privato il testo del messaggio) per il ciframento/deciframento con la tecnica ROT13, un tempo utilizzata nelle chat per mascherare il testo dei messaggi.
La tecnica consiste nel sostituire ciascun carattere alfabetico con quello che si trova 13 posizioni più avanti nell'alfabeto. Ovviamente giunti alla Z si deve ripartire da A.
Il ciframento è reversibile con la stessa identica operazione, essendo l'alfabeto inglese costituito da 26 caratteri.
Si suppone che il messaggio sia scritto tutto in maiuscolo.
I caratteri non alfabetici vengono mantenuti identici.
Esempio: "CIAO" ➔ "PVNB"

Soluzione:

(1)

```
public class Matematica
{
  public static double SommaArmonica(int n)
```

```
  {
    double somma = 0;
    for (int i = 1; i <= n; i++)
    { somma = somma + (1.0 / i); }
    return somma;
  }
}
```

Osservazione: è fondamentale calcolare `1.0/i` piuttosto che `1/i` perché nel secondo caso si avrebbero divisioni intere con risultato errato; ad esempio 1/2 = 0 invece 1.0/2 = 0.5

(2)

```
public static int SommaPotenze2(int n)
{
  int ris = 0;
  int potenza = 1;  // 2^0
  for (int i = 0; i <= n; i++)
  {
    ris = ris + potenza;
    potenza = potenza * 2;
  }
  return ris;
}
```

Altro modo:

poichè vale l'uguaglianza $2^0+2^1+2^2+...+2^n = 2^{n+1} - 1$

es.: $11111111_{(\text{in base } 2)} = 2^0+2^1+...+2^7 = 2^8 - 1 = 256 - 1 = 255$

allora basta calcolare la potenza 2^{n+1} e poi sottrargli 1:

```
// modo alternativo
public static int SommaPotenze2(int n)
{
  int potenza = 1;  // 2^0
  for (int i = 0; i <= n; i++)
  { potenza = potenza * 2; }
  return potenza - 1;
}
```

(3)

```
public static int ConvertiInDecimale(string binario)
{
  int risultato = 0;
  int n = binario.Length - 1;  // ultima posizione
  int potenza = 1;  // 2^0
  for (int i = n; i >= 0; i--)
  {
    if (binario[i] == '1')
    { risultato = risultato + potenza; }
    potenza = potenza * 2;
  }
  return risultato;
}
```

Altro modo: si parte dal primo bit e si moltiplica per 2 ogni volta che si avanza (infatti "1" = 1, "11" = 1 * 2 + 1 = 3, "111" = 3 * 2 + 1 = 7):

```
// metodo alternativo
public static int ConvertiInDecimale(string binario)
{
  int risultato = 0;
  for (int i = 0; i < binario.Length; i++)
  {
    int valorecifra = 0;
    if (binario[i] == '1')
    { valorecifra = 1; }
    risultato = risultato * 2 + valorecifra; }
  }
  return risultato;
}
```

(4)

Una prima versione della soluzione è la seguente:

```
public class Messaggio
{
  private string messaggio;

  public string Rot13()
  {
    string alfabeto = "ABCDEFGHIJKLMNOPQRSTUVWXYZ";
    string risultato = "";
    for (int i = 0; i <messaggio.Length; i++)
    {
      char c = messaggio[i];
```

```
      int posizione = alfabeto.IndexOf(c);
      if (posizione > 0)  // è un carattere alfabetico
      {
        // ricalcolo la posizione spostata avanti di 13
        // l'operatore modulo % consente di ripartire
        // da 0 quando si arriva a 26
        int posizione = (posizione + 13) % 26;
        risultato = risultato + alfabeto[posizione];
      }
      else  // non è un carattere alfabetico
      { risultato = risultato + c; }
    }
    return risultato;
  }
}
```

Tenendo conto che i caratteri sono anche visti come numeri interi, corrispondenti a posizioni nell'alfabeto di tutti i caratteri rappresentabili, il codice si semplifica:

```
// seconda versione
public string Rot13()
{
  string risultato = "";
  for (int i = 0; i < messaggio.Length; i++)
  {
    char c = messaggio[i];
    if (c >= 'A' && c <= 'M')
    {
      // appendo il carattere che si trova avanti di 13
      risultato = risultato + (char)(c + 13);
    }
    else if (c >= 'N' && c <= 'Z')
    {
      // appendo il carattere che si trova indietro di 13
      // per applicare la circolarità dell'alfabeto
      risultato = risultato + (char)(c - 13);
    }
    else  // non è un carattere alfabetico
    { risultato = risultato + c; }
  }
  return risultato;
}
```

VERIFICA LE TUE COMPETENZE 3

1) Scrivere un metodo per la classe Messaggio (che ha un attributo frase di tipo string) che trasforma la frase secondo l'alfabeto farfallino, che consiste nel raddoppiare tutte le vocali aggiungendovi una f in mezzo. Esempio: "c**o**m**e** st**ai**?" diventa "c**ofo**m**efe**st**afaifi**?"

2) Scrivere un metodo static che riceve in input una stringa e un numero intero e restituisce la stringa di partenza imbottita a destra di tanti * fino ad avere una lunghezza complessiva pari al numero fornito in input. Se il numero in input risulta inferiore alla lunghezza della stringa di partenza allora non le si aggiunge nulla. Esempi:

Imbottisci("palla", 9) ➔ palla****
Imbottisci("palla", 2) ➔ palla

3) Scrivere un metodo static che riceve in input due array di stringhe e produce in output un array contenente tutte le stringhe di entrambi gli array inserite in modo alternato: una stringa del primo array e poi una stringa del secondo e poi ancora una stringa del primo e una del secondo e così via.
Quando uno dei due array finisce, si prosegue con gli elementi rimanenti dell'altro.
Esempio:
array1 = {"mela", "pera", "banana", "kiwi"}
array2 = {"milano", "torino"}
si ottiene
arrayRisultato = {"mela", "milano", "pera", "torino", "banana", "kiwi"}

Soluzione:

```
// ESERCIZIO 1
public class Messaggio
{
  private string frase;

  public string Farfallino()
  {
    string risultato = "";
```

```
    // trasformo la frase in minuscolo
    string frasex = frase.ToLower();
    for (int i = 0; i < frasex.Length; i++)
    {
      risultato = risultato + frasex[i];
      if (IsVocale(frasex[i]))
      { risultato = risultato + "f" + frasex[i]; }
    }
    return risultato;
  }

  // metodo di aiuto
  public bool IsVocale(char c)
  { return (c=='a' || c=='e' || c=='i' || c=='o' || c=='u'); }
}
```

```
// Esercizio 2
public static string Imbottisci(string parola, int lunghezza)
{
  string risultato = parola;
  for (int i = parola.Length; i < lunghezza; i++)
  { risultato = risultato + "*"; }
  return risultato;
}
```

```
// Esercizio 3
public static string[] Alterna(string[] arr1, string[] arr2)
{
  string[] arrRisultato = new string[arr1.Length + arr2.Length];
  int min;  // la lunghezza dell’array più corto
  if (arr1.Length < arr2.Length)
  { min = arr1.Length; }
  else
  { min = arr2.Length; }
  // innanzitutto procedo in parallelo con i due array
  // uso i per accedere agli array 1 e 2
  // uso k per accedere all'arrayRisultato
  int k = 0;
  for (int i = 0; i < min; i++)
  {
    arrRisultato[k] = arr1[i];
    k++;
    arrRisultato[k] = arr2[i];
    k++;
  }
  // infine scarico la parte rimanente dell'array più lungo
  // solo uno dei due seguenti cicli verrà
  // effettivamente eseguito!
```

```
  for (int i = min; i < arr1.Length; i++)
  {
    arrRisultato[k] = arr1[i];
    k++;
  }
  for (int i = min; i < arr2.Length; i++)
  {
    arrRisultato[k] = arr2[i];
    k++;
  }
  return arrRisultato;
}
```

Quest'ultimo esercizio si presta ad una variante molto interessante, chiamata "merge", che prevede la fusione di due array ordinati per ottenere un nuovo array ordinato contenente tutti gli elementi dei due array di partenza.

11.Array di oggetti

Spesso nei programmi applicativi si ha a che fare con una strutturazione dei dati costituita da una classe che funge da contenitore di un elenco di oggetti di un certo tipo e che quindi contiene come attributo un array di oggetti.

A loro volta, gli oggetti contenuti nell'array, oltre ad attributi di tipo semplice, possono contenere altri oggetti.

In questo modo è facile costruire complessivamente una struttura dati anche molto articolata!

A titolo esemplificativo si propone una piccola applicazione che accenna ad alcune funzioni di un registro elettronico dei voti scolastici.

Il diagramma delle classi illustra la struttura della applicazione:

- la classe Form contiene un oggetto di tipo Scuola e i metodi che rispondono agli eventi click sui pulsanti per aggiungere uno studente alla scuola e per aggiungere un voto allo studente specificato.
- La classe Scuola rappresenta la scuola nel suo complesso, con attributi il nome della scuola e un array di studenti. I metodi consentono di eseguire le azioni mostrate dai pulsanti del form: aggiungere uno studente e assegnargli un voto. C'è anche un metodo di servizio che consente di effettuare la ricerca di uno studente nell'array.
- La classe Studente rappresenta il singolo studente con nome, classe e un array di voti. I metodi DimmiNome() e DimmiClasse() consentono di accedere ai dati privati dello studente e sono utilizzati dal metodo di ricerca della classe Scuola.
  Il metodo AggiungiVoto() consente di aggiungere un voto nell'array dei voti dello studente.

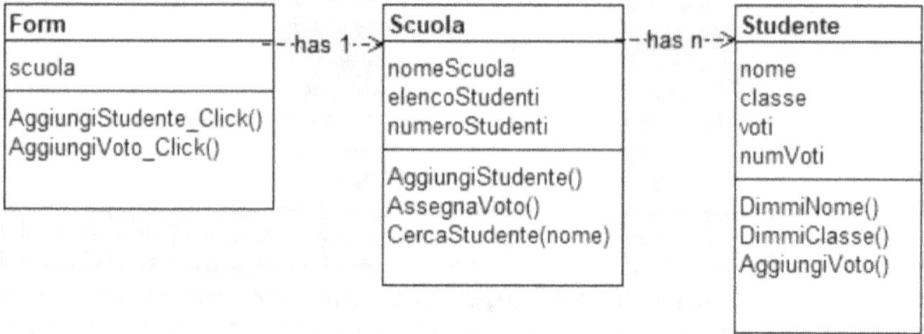

Diagramma delle classi del registro elettronico

La progettazione grafica del form di dialogo dell'utente contiene le caselle di testo per l'input e dei pulsanti per caricare i dati: le sue funzioni sono aggiungere uno studente e assegnargli dei voti.

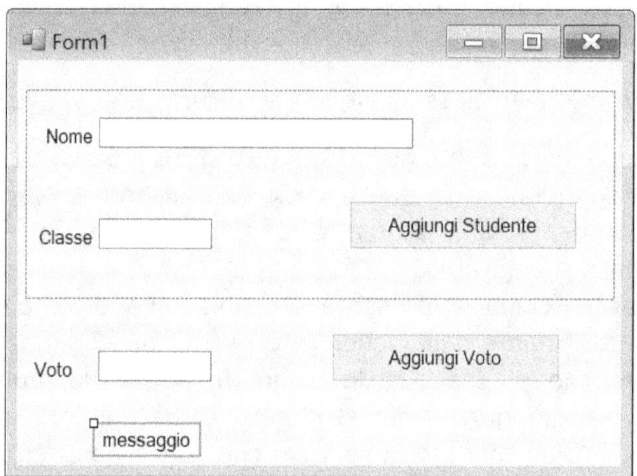

L'interfaccia utente del registro elettronico

Il codice della classe Form è il seguente:

```
public class Form
{
  private Scuola scuola;

  public Form()
  {
    // creazione della scuola di nome "Barsanti"
```

```
    scuola = new Scuola("Barsanti");
    InitializeComponent();
  }

  public void AggiungiStudente_click()
  {
    // prendo i dati dai textbox
    string nome = txtNome.Text;
    string classe = txtClasse.Text;
    scuola.AggiungiStudente(nome, classe);
  }

  public void AggiungiVoto_Click()
  {
    // prendo i dati da textbox
    string nome = txtNome.Text;
    string classe = txtClasse.Text;
    int voto = Convert.ToInt32(txtVoto.Text);
    // innanzitutto cerco la posizione dello studente
    int posizione = scuola.CercaStudente(nome, classe);
    if (posizione >= 0)
    {
      scuola.AssegnaVoto(posizione, voto);
      // diamo un messaggio di riscontro all'utente
      lblMessaggio.Text = "ok";
    }
    else
    { lblMessaggio.Text = "studente non trovato!"; }
  }
}
```

Il codice della classe Scuola:

```
public class Scuola
{
  private string nomeScuola;
  private Studente[] elencoStudenti;
  private int numStudenti;

  public Scuola(string unNome)
  {
    nomeScuola = unNome;
    // si crea spazio per 1000 studenti
    elencoStudenti = new Studente[1000];
    numStudenti = 0;
  }

  // metodi per lavorare con gli studenti della scuola
```

```
  public void AggiungiStudente(string unNome,string unaClasse)
  {
    // creo un oggetto Studente e lo aggiungo all'array
    elencoStudenti[numStudenti] =
                                 new Studente(unNome, unaClasse);
    numStudenti++;
  }

  public void AssegnaVoto(int indice, int voto)
  { elencoStudenti[indice].AggiungiVoto(voto); }

  public int CercaStudente(string nome, string classe)
  {
    int posizione = -1; // non trovato
    int i = 0;
    while (i < numStudenti && posizione == -1)
    {
      if (elencoStudenti[i].DammiNome() == nome &&
          elencoStudenti[i].DammiClasse() == classe)
      { posizione = i; }
      else
      { i++; }
    }
    return posizione;
  }
}
```

Il codice della classe Studente:

```
public class Studente
{
  private string nome;
  private string classe;
  private int[] voti;  // array di voti
  private int numVoti;

  public Studente(string unNome, string unaClasse)
  {
    nome = unNome;
    classe = unaClasse;
    // si prevedono al massimo 30 voti
    voti = new int[30];
    numVoti = 0;
  }

  public void AggiungiVoto(int unVoto)
  {
    voti[numVoti] = unVoto;
```

```
      numVoti++;
    }

    public string DammiNome()
    { return nome; }

    public string DammiClasse()
    { return classe; }
}
```

ESERCIZIO SVOLTO 11.1

Aggiungere alla suddetta applicazione la funzione di calcolo della media dei voti dello studente e la sua visualizzazione come messaggio ogni volta che si aggiunge un voto.

Soluzione:

Nella classe Studente si aggiunge il metodo per calcolare la media dei voti. In particolare si noti la questione dell'arrotondamento:

```
// nella classe Studente

public int CalcolaMedia()  // arrotondata all'intero
{
  int somma = 0;
  for (int i = 0; i < numVoti; i++)
  { somma = somma + voti[i]; }
  if (numVoti == 0)
  { return 0; }
  else
  {
    double media = 1.0 * somma / numVoti;
    // il metodo Math.Round() arrotonda 5.5 e 6.5 a 6 !!!
    // ovvero arrotonda il .5 all'intero pari più vicino
    // questo non ci va bene!!!
    // tutto quello che segue equivale a
    //   return (int) (media + 0.5);
    // ma è più facilmente leggibile
    int parteIntera = (int) media;
```

```
    int parteDecimale = media - parteIntera;
    if (parteDecimale < 0.5)
    { return parteIntera; }
    else
    { return parteIntera + 1; }
  }
}
```

Se anziché arrotondare all'intero, si volesse un arrotondamento ad una cifra decimale come si potrebbe fare?[4]

Nella classe Scuola si aggiunge il metodo OttieniMedia() che viene utilizzato dal Form per ottenere dall'oggetto scuola il valore della media dei voti dello studente:

```
// nella classe Scuola

public int OttieniMedia(int indice)
{
  return elencoStudenti[indice].CalcolaMedia();
}
```

Notare che non c'è nessun problema a richiamare il metodo CalcolaMedia() dello studente che si trova nella componente dell'array con l'indice specificato.

Nella classe Form si modifica il dialogo con l'utente in occasione dell'assegnazione del voto:

```
// si aggiunge la visualizzazione della media
scuola.AssegnaVoto(posizione, voto);
int media = scuola.OttieniMedia(posizione);
lblMessaggio.Text = "la sua media è" + media;
```

[4]risposta: basta arrotondare all'intero la media moltiplicata per 10, e successivamente dividere il risultato per 10)

ESERCIZIO SVOLTO 11.2

Si aggiunga alla classe Studente il metodo per eliminare dall'array il voto che si trova in una determinata posizione.

Ovviamente si dovrà ricompattare l'array spostando tutti i voti che si trovano nelle posizioni che seguono quella del voto eliminato.

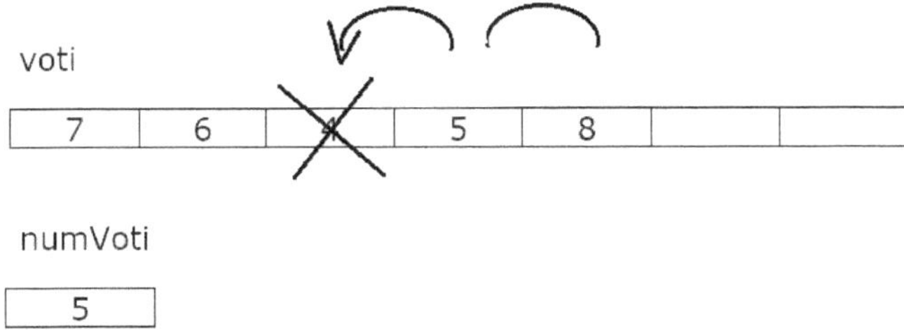

Eliminazione di un valore con ricompattamento dell'array

Soluzione:

```
// nella classe Studente

public void EliminaVoto(int posizione)
{
  for (int i = posizione + 1; i < numVoti; i++)
  { voti[i-1] = voti[i]; }
  numVoti--;
}
```

ESERCIZIO SVOLTO 11.3

Si abbia la classe Persona con gli attributi privati nome ed età e i metodi pubblici DimmiNome() e DimmiEtà(), e la classe Gita con attributi privati un array di persone di nome elenco e il numero

di persone ivi presenti. Scrivere dentro la classe Gita il metodo CercaPersona che riceve in input un nome e restituisce la posizione della prima persona dell'array che ha tale nome (-1 se non presente).
Per testare il programma si scriva il metodo Main() che crea un oggetto di tipo Gita, ci carica alcune persone e poi effettua alcune ricerche.

Soluzione:

```
public class Persona
{
  // attributi
  private string nome;
  private int età;

  // costruttore
  public Persona(string unNome, int unaEtà)
  { nome = unNome; età = unaEtà; }

  public string DimmiNome()
  { return nome; }

  public int DimmiEtà()
  { return età; }
}

public class Gita
{
  private Persona[] elenco;
  private int numPersone;

  public Gita()
  {
    elenco = new Persona[100]; // max 100 posti
    numPersone = 0;
  }

  public void AggiungiPersona(string unNome, int unaEtà)
  {
    elenco[numPersone] = new Persona(unNome, unaEtà);
    numPersone++;
  }

  public int CercaPersona(string nomeCercato)
  {
    int posizione = -1;  // non trovato
    int i = 0;
```

```
    while (i < numPersone && posizione == -1)
    {
      if (elenco[i].DimmiNome() == nomeCercato)
      { posizione = i; }
      else
      { i++;}
    }
    return posizione;
  }
}


public class Program
{
  public static void Main()
  {
    Gita g = new Gita();
    g.AggiungiPersona("livio", 34);
    g.AggiungiPersona("mario", 28);
    g.AggiungiPersona("elena", 22);
    int pos = g.CercaPersona("elena");
    Console.WriteLine(pos);  // si ottiene 2
    pos = g.CercaPersona("filippo");
    Console.WriteLine(pos);  // si ottiene -1
  }
}
```

VERIFICA LE TUE COMPETENZE 4

Realizzare una applicazione Console per gestire le gare di MotoGP con

- la classe Pilota con gli attributi nome, team, punti, annoNascita, nazione, il costruttore e i metodi per
  - aumentare i punti
  - fornire in output il nome
  - fornire in output i punti
- la classe Campionato contenente un array di Piloti e i metodi per
  - aggiungere un pilota,
  - cercare un pilota dato il suo nome,

   - aggiungere dei punti ad un pilota
- il metodo Main della classe Program dovrà creare un nuovo campionato e aggiungervi i piloti
   - Marquez, Spagna, 1993, Repsol Honda Team
   - Pedrosa, Spagna, 1985, Repsol Honda Team
   - Dovizioso, Italia, 1986, Ducati Team

  poi, dopo la gara, assegnerà i punti ai tre piloti: i punti vengono forniti in input da Console.

  Infine, si legge in input il nome di un pilota, lo si cerca nella lista e, se esiste, si visualizza quanti punti ha in classifica.

Innanzitutto si deve disegnare il diagramma delle classi.

Soluzione:

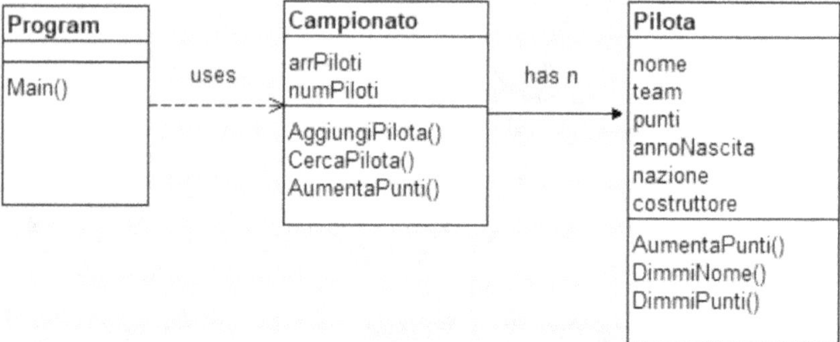

Diagramma delle classi del MotoGP

Il codice della classe Pilota:

```
public class Pilota
{
  private string nome;
  private string nazione;
  private int annoNascita;
  private string team;
  private int punti;

  public Pilota(string unNome, string unaNazione,int unAnno,
              string unTeam)
  {
    nome = unNome;
    nazione = unaNazione;
```

```
    annoNascita = unAnno,
    team = unTeam;
    punti = 0;
  }

  public void AumentaPunti(int puntiGara)
  { punti = punti + puntiGara; }

  public string DimmiNome()
  { return nome; }

  public int DimmiPunti()
  { return punti; }
}
```

Il codice della classe Campionato:

```
public class Campionato
{
  private Pilota[] arrPiloti;
  private int numPiloti;

  public Campionato()
  {
    arrPiloti = new Pilota[100];
    numPiloti = 0;
  }

  public void AggiungiPilota(string nome,string nazione,
                             int annoNascita, string team)
  {
    arrPiloti[numPiloti] = new Pilota(nome, nazione,
                                      annoNascita, team);
    numPiloti++;
  }

  // restituisce l'oggetto con il pilota cercato
  // oppure null se non lo trova
  public Pilota CercaPilota(string nomeCercato)
  {
    pilota = null;  // non trovato
    int i = 0;
    while (i < numPiloti && pilota == null)
    {
      if (arrPiloti[i].DimmiNome() == nomeCercato)
      { pilota = arrPiloti[i]; }
      else
      { i++; }
```

```
    }
    return pilota;
  }

  public void AumentaPunti(string nomePilota, int punti)
  {
    // utilizzo uno dei metodi di ricerca a disposizione
    Pilota p = CercaPilota(nomePilota);
    if (p != null)
    { p.AumentaPunti(punti); }
  }
}
```

Si noti che il metodo di ricerca che restituisce un oggetto di tipo Pilota, nel caso di fallimento della ricerca restituisce il valore speciale null che indica l’assenza di un oggetto.

```
public class Program
{
  public static void Main()
  {
    Campionato c = new Campionato();
    c.AggiungiPilota("Marquez", "Spagna", 1993,
"Repsol Honda Team");
    c.AggiungiPilota("Pedrosa", "Spagna", 1985,
"Repsol Honda Team");
    c.AggiungiPilota("Dovizioso", "Italia", 1986,
"Ducati Team");
    Console.WriteLine("Inserisci i punti di Marquez");
    int n1 = Convert.ToInt32( Console.ReadLine() );
    c.AumentaPunti("Marquez", n1);
    Console.WriteLine("Inserisci i punti di Pedrosa");
    int n2 = Convert.ToInt32( Console.ReadLine() );
    c.AumentaPunti("Pedrosa", n2);
    Console.WriteLine("Inserisci i punti di Dovizioso");
    int n3 = Convert.ToInt32( Console.ReadLine() );
    c.AumentaPunti("Dovizioso", n3);
    Console.WriteLine("Nome pilota da cercare");
    string nome = Console.ReadLine();
    Pilota p = c.CercaPilota(nome);
    if (p != null)
    {
      int n = p.DimmiPunti();
      Console.WriteLine("Punti = " + n);
    }
    else
    { Console.WriteLine("Pilota sconosciuto!"); }
  }
}
```

12. Array Bidimensionali (Matrici di valori)

In alcune situazioni può risultare opportuno organizzare i dati in memoria in un array bidimensionale, che in termini matematici viene definito "matrice".

Distributore di merendine a matrice

Per dichiarare e creare una matrice di numeri interi si usa una istruzione come la seguente:

```
// matrice di 3 righe e 4 colonne
int[,] matrice = new matrice[3, 4];
```

Si tratta di una struttura dove una cella viene individuata mediante il suo indice di riga e il suo indice di colonna.

Per leggere il valore contenuto nella cella che si trova nella riga 1 e nella colonna 2 si scrive:

```
int valore = matrice[1, 2];
```

Per assegnare un valore alla suddetta cella si scrive:

```
matrice[1, 2] = valore;
```

Si ricorda che la numerazione delle righe e delle colonne inizia da 0.

Le dimensioni della matrice, ovvero il numero di righe e il numero di colonne, si ottengono, rispettivamente, con matrice.GetLength(0) e matrice.GetLength(1).

ESERCIZIO SVOLTO 12.1

Scrivere la classe Mappa contenente un array di città e una matrice di distanze tra tutte le possibili coppie di città.

Soluzione:

Si suppone che non ci siano sensi unici nelle strade e pertanto la matrice delle distanze risulta simmetrica, ovvero matriceDistanze[i, j] == matriceDistanze[j, i].

La classe Mappa contiene le strutture date necessarie per memorizzare le città e le distanze tra le stesse:

```
public class Mappa
{
  private string[] arrayCittà;
  private int[,] matriceDistanze;

  // il costruttore in questo caso non è pensato in modo
  // generale ma si limita a caricare dei dati fissi
  public Mappa()
  {
    // caricamento delle destinazioni e della
    // matrice delle distanze con dati fissi
    arrayCittà = new string[]{"castelfranco", "bassano",
"asolo", "montebelluna", "resana"};
    matriceDistanze = new int[,]{
                         { 0,20,15,16, 6}, // castelfranco
                         { 20,0,10,18,25},  // bassano
                         { 15,10,0,8,21}, // asolo
                         { 16,18,8,0,22}, // montebelluna
                         { 6,25,21,22,0}}; // resana
  }
```

```
  // metodo per trovare la posizione di una città nell'array
  public int CercaCittà(string città)
  {
    int pos = -1;  // non trovato
    int i = 0;
    while (i < arrayCittà.Length && pos == -1)
    {
      if (arrayCittà[i] == città)
      { pos = i; }
      else
      { i++; }
    }
    return pos;
  }

  public string DimmiCittà(int posizione)
  { return arrayCittà[posizione]; }

  public int DimmiDistanza(string città1, string città2)
  {
    int n1 = CercaCittà(città1);
    int n2 = CercaCittà(città2);
    return matriceDistanze[n1, n2];
  }

  // metodo che differisce dal precedente
  // per il tipo dei parametri in ingresso
  public int DimmiDistanza(int n1, int n2)
  {return matriceDistanze[n1, n2];}
}
```

Il metodo Main() crea la Mappa e mostra la distanza tra due città prefissate:

```
public class Program
{
  public static void Main()
  {
    Mappa m = new Mappa();
    int d = m.DimmmiDistanza("castelfranco", "asolo");
    Console.WriteLine(d + " km");  // 15 km
  }
}
```

Overloading di un metodo

La possibilità di scrivere diverse versioni di un metodo che differiscono per il numero e/o il tipo dei parametri forniti in input, come nel caso del metodo DimmiDistanza() della classe Mappa, viene definita OVERLOADING.
Molti dei metodi forniti dalle librerie del C# hanno diverse versioni che differiscono per i parametri, come ad esempio il metodo Console.WriteLine() di cui ci sono molteplici versioni, una che può ricevere una stringa, un'altra che può ricevere un intero, un'altra un numero double e così via.

Array di Array

Mentre una matrice ha una forma regolare, quadrata oppure rettangolare, è anche possibile creare un array di array, ovvero una struttura ad array irregolare dove ogni elemento è a sua volta un array:

Ad esempio si può creare un array contenente 3 array, il primo di 5 componenti, il secondo con 4 e il terzo con 2, tutte di numeri interi:

```
int[][] arr = new int[3][];    // pertanto arr.length == 3
arr[0] = new int[5];           // pertanto arr[0].length == 5
arr[1] = new int[4];           // pertanto arr[1].length == 4
arr[2] = new int[2];           // pertanto arr[2].length == 2
```

Per caricare dei dati nei diversi array, e al contempo effettuarne il dimensionamento, si possono scrivere istruzioni come le seguenti:

```
arr[0] = new int[] { 1, 3, 5, 7, 9 };
arr[1] = new int[] { 0, 2, 4, 6 };
arr[2] = new int[] { 11, 22 };
```

13. Allineamento di stringhe

In questo paragrafo viene proposto un algoritmo per risolvere un problema particolarmente interessante: si tratta di scrivere un programma per confrontare due stringhe e calcolare un punteggio di similarità tra le stesse.

Ad esempio, le stringhe "PERO" e "PIERO" hanno 4 caratteri in comune, grazie al seguente allineamento:

```
P_ERO
PIERO
```

Si noti che è stato inserito uno spazio (gap) nella parola PERO per consentire il migliore allineamento possibile con la stringa PIERO.

Si considera come punteggio di similarità:

- +1 se il carattere considerato della prima stringa è uguale al carattere della seconda stringa
- 0 se il carattere considerato della prima stringa è diverso da quello della seconda stringa
- 0 se il carattere considerato di una delle stringhe è messo in corrispondenza ad un "gap" nell'altra stringa

Punteggio di similarità	A	B	_
A	+1	0	0
B	0	+1	0
_	0	0	0

Tabella dei punteggi di similarità

Per risolvere questo problema si dovrebbero considerare tutti i possibili allineamenti tra le due stringhe ed individuare quello che presenta il punteggio maggiore.

Ecco gli allineamenti che si possono ottenere con l'aggiunta di un gap:

```
PIERO ➔ 3 punti
_PERO

PIERO ➔ 4 punti
P_ERO

PIERO ➔ 3 punti
PE_RO

PIERO ➔ 2 punti
PER_O

PIERO ➔ 1 punto
PERO_
```

Si dovrebbero anche considerare tutte le possibili combinazioni con più di un gap.

L'algoritmo che viene generalmente utilizzato per risolvere questo problema di determinare il migliore allineamento di due sequenze di caratteri è l'algoritmo di "programmazione dinamica[5]" di Needleman-Wunsch.

Esso sfrutta il fatto che il punteggio totale di allineamento è dato dalla semplice somma di tanti punteggi di accoppiamento di singoli caratteri.

Per allineare due stringhe s1 e s2, si parte dal caso banale di due sottostringhe vuote, cha ha un punteggio di similarità S(0,0)=0.

Poi si tenta di estendere l'allineamento che si ha con due sottostringhe di n-1 e m-1 caratteri, aggiungendo un ulteriore carattere; si devono considerare 3 casi:

1. l'allineamento che si ottiene aggiungendo un carattere ad entrambe le sottostringhe fornisce il punteggio S(n, m) = S(n-1, m-1) + 1 se i due caratteri aggiunti sono uguali, oppure S(n, m) = S(n-1, m-1) se i due caratteri aggiunti

[5]La programmazione dinamica è una tecnica che prevede la scomposizione di un problema in sottoproblemi più piccoli e più facili da risolvere, memorizzandone i risultati, in modo da poterli riutilizzare per risolvere i vari sottoproblemi via via più grandi, fino ad arrivare al problema originario.

sono diversi. Questo caso è contrassegnato con il simbolo ↘

2. l'allineamento che si ottiene aggiungendo un carattere alla prima stringa e un gap all'altra; questo fornisce il punteggio S(n, m-1) = S(n-1, m-1). Si usa il simbolo →
3. l'allineamento che si ottiene aggiungendo un gap alla prima stringa e un carattere alla seconda; questo fornisce il punteggio S(n-1, m) = S(n-1, m-1). Si usa il simbolo ↓

Di questi 3 casi si sceglie quello che fornisce il punteggio maggiore.

Si tratta di una procedura iterativa, che parte dalle sottostringhe di lunghezza 0 e poi applica il suddetto criterio per aggiungere via via tutti i caratteri, uno per volta, fino ad arrivare a calcolare l'allineamento ottimo delle due stringhe intere. Il punteggio dell'allineamento ottimo è S(s1.Length, s2.Length).

Per sviluppare questo algoritmo conviene costruire una matrice per mantenere i valori di S(i, j) con i da 0 a n = s1.Length e j da 0 a m = s2.Length.

Pertanto, a partire dalla prima riga e dalla prima colonna della matrice S, si può procedere riga per riga per calcolare tutte le celle della stessa.

		0	1	2	3	4
	S	_	P	E	R	O
0	_	0	0	0	0	0
1	P	0	↘1	→1	→1	→1
2	I	0	↓ 1	↘→↓1	↘→↓1	↘→↓1
3	E	0	↓ 1	→2	→2	→2
4	R	0	↓ 1	↓2	↘3	→3
5	O	0	↓ 1	↓2	↓3	↘4

Matrice S dei punteggi di similarità di tutte le sottostringhe di s1="PIERO" e s2="PERO"

La riga 0 e la colonna 0 sono tutte con valore 0 perché corrispondono all'allineamento, rispettivamente, della prima e della seconda stringa con una sequenza di gap.

Ad ogni passo si memorizza mediante una freccia la scelta che è stata fatta tra i 3 casi possibili: ↘ → ↓

Tali frecce indicano graficamente la provenienza del punteggio che viene calcolato.

Per chiarire l'algoritmo si descrive come calcolare il valore di S(1,1); le tre possibilità da cui scegliere sono:

↘ S(1,1) = S(0,0) + 1 = 0 + 1 = 1 se si allinea P di PIERO con P di PERO

```
PIERO
PERO
```

→ S(1,1) = S(0,1) = 0 se si allinea un gap con P di PERO

```
_PIERO
PERO
```

↓ S(1,1) = S(1,0) = 0 se si allinea P di PIERO con un gap

```
PIERO
_PERO
```

Di queste 3 possibilità si sceglie la prima perché ha il punteggio maggiore.

Si prosegue calcolando S(1,2). Risulterà S(1,2) = S(1,1) con direzione →

```
P_IERO
PERO
```

Nel caso in cui ci fossero due o tre valori uguali tra cui scegliere, si può arbitrariamente scegliere uno qualsiasi di essi oppure indicare tutte le direzioni che corrispondono alle scelte migliori. Questo indica diverse possibilità di allineamento con il medesimo punteggio.

Il punteggio che si ottiene alla fine è quello dell'allineamento ottimo. Non è raro che ci siano allineamenti diversi che forniscono lo stesso punteggio ottimo.

L'allineamento ottimopuò essere ricostruito procedendo a ritroso, partendo dall'ultima cella in basso a destra della matrice, seguendo le frecce al contrario.

		0	1	2	3	4
	S	_	P	E	R	O
0	_	0	0	0	0	0
1	P	0	↘ 1	→1	→1	→1
2	I	0	↓ 1	↘→↓1	↘→↓1	↘→↓1
3	E	0	↓ 1	↘2	→2	→2
4	R	0	↓ 1	↓2	↘3	→3
5	O	0	↓ 1	↓2	↓3	↘4

Ricostruzione dell'allineamento ottimo
di s1="PIERO" e s2="PERO"

L'allineamento ottimo viene ricostruito a partire dalla fine e seguendo le frecce a ritroso: i tre spostamenti diagonali corrispondono alle lettere O, R ed E di entrambe le stringhe.

Poi uno spostamento verticale indica la presenza di un gap nella seconda parola in corrispondenza alla I della prima parola.

Infine, l'ultimo spostamento diagonale corrisponde all'allineamento delle due P:

```
PIERO
P_ERO
```

Il codice in C# per applicare tale algortimo prevede la classe Allineamento con gli attributi stringa1, stringa2, matriceS per i punteggi di similarità, matriceD per la matrice delle direzioni, e i metodi CalcolaAllineamento() che effettua l'allineamento e ne restituisce il punteggio e MostraAllineamento() che restituisce il risultatodell'allineamento.

Per memorizzare le direzioni si può utilizzare un numero intero ottenuto da una combinazione di cifre binarie:

100 = 4 per la direzione↘
010 = 2 per la direzione →
001 = 1 per la direzione ↓

In questo modo si possono memorizzare assieme anche più direzioni, sommandone i valori corrispondenti, come ad esempio

111 = 7per la combinazione di direzioni ↘→↓

```
public class Allineamento
{
  private string stringa1;
  private string stringa2;
  private int[,] matriceS;  // matrice dei punteggi di similarità
  private int[,] matriceD;  // matrice delle direzioni

  public Allineamento(string s1, string s2)
  {
    // conviene appendere un gap in testa alle stringhe
    stringa1 = "_" + s1;
    stringa2 = "_" + s2;
    int n = stringa1.Length;
    int m = stringa2.Length;
    matriceS = new int[n,m];
    matriceD = new int[n,m];
  }

  // metodo che effettua l'allineamento e restituisce
  // il punteggio ottenuto
  public int CalcolaAllineamento()
  {
    int n = stringa1.Length;
    int m = stringa2.Length;
    // inizializzazione della matrice S
    for(int j = 0; j < m; j++)
    { matriceS[0,j] = 0; }
    for(int i = 1; i < n; i++)
    { matriceS[i,0] = 0; }
    // riempimento della matrice S e calcolo delle direzioni
    for(int i = 1; i < n; i++)
    for(int j = 1; j < m; j++)
    {
      // in caso di parità di punteggio derivante da
      // diverse direzioni di spostamento si sceglie
      // preferibilmente la direzione diagonale
      //
      // direzione diagonale
```

```
    int s1 = matriceS[i-1, j-1];
    if (stringa1[i] == stringa2[j])
    { s1 = s1 + 1; }
    // direzione orizzontale
    int s2 = matriceS[i, j-1];
    // direzione verticale
    int s3 = matriceS[i-1, j];
    // individuazione della scelta migliore
    if (s1 >= s2 && s1 >= s3)
    { matriceD[i,j] = 4; matriceS[i,j] = s1;}
    else if (s2 >= s1 && s2 >= s3)
    { matriceD[i, j] = 2; matriceS[i, j] = s2;}
    else // (s3 >= s1 && s3 >= s2)
    { matriceD[i, j] = 1; matriceS[i, j] = s3;}
  }
  /* DEBUG
  // istruzioni per stampare il contenuto della matrice S
  // per eseguire il controllo di correttezza del codice
  for (int i = 0; i < n; i++)
  {
    for (int j = 0; j < m; j++)
    { Console.Write(matriceS[i, j] + ""); }
    Console.WriteLine();
  }
  */
  // il punteggio dell'allineamento ottimo lo leggo
  // nell'ultima cella in basso a destra
  return matriceS[n-1, m-1];
}

// metodo che restituisce un array contenente le due
// stringhe allineate tra loro
// Ad esempio  {"PIERO", "P_ERO"}
public string[] MostraAllineamento()
{
  string[] allinea = new string[2];
  bool finito = false;
  // si parte dalla cella in basso a destra della matriceD
  int i = matriceD.GetLength(0) - 1;  // num righe - 1
  int j = matriceD.GetLength(1) - 1;  // num colonne - 1
  string a = "";
  string b = "";
  while(! finito)
  {
    if (matriceD[i, j] == 4)  // diagonale
    {
      a = stringa1[i] + a;
      b = stringa2[j] + b;
      i--; j--;
```

```
      }
      else if (matriceD[i, j] == 2)  // orizzontale
      {
        a = "_" + a;
        b = stringa2[j] + b;
        j--;
      }
      else  // matriceD[i, j] == 1 // verticale
      {
        a = stringa1[i] + a;
        b = "_" + b;
        i--;
      }
      if (i == 0 && j == 0)
      { finito = true;}
    }
    allinea[0] = a;
    allinea[1] = b;
    return allinea;
  }
}
```

Per testare tale programma si scrive il metodo Main per allineare le stringhe PIERO e PERO:

```
public class Program
{
  public static void Main()
  {
    string s1 = "PIERO";
    string s2= "PERO";
    Allineamento a = new Allineamento(s1, s2);
    int p = a.CalcolaAllineamento();
    Console.WriteLine("==>" + p);
    string[] arr = a.MostraAllineamento();
    Console.WriteLine(arr[0]);
    Console.WriteLine(arr[1]);
  }
}
```

BIOINFORMATICA: Allineamento di sequenze geniche

Questo algoritmo viene utilmente impiegato per effettuare il confronto tra sequenze geniche (DNA e proteine).
Infatti, si tratta di sequenze nucleotidi o di aminoacidi che vengono codificati con lettere dell'alfabeto e quindi sono riconducibili a stringhe

di caratteri, come ad esempio QIKDLLVSSSTDLDTTLVLVNAIYFKGM..

Questo algortimo è alla base di software come Git che effettua il controllo di versione del codice sorgente scritto dai diversi membri di un team di sviluppo.

Le stringhe da allineare sono due versioni di un codice sorgente di cui si confrontano le singole righe di codice: mediante l'operazione di "merge" vengono evidenziate con + le righe aggiunte dalla seconda versione rispetto alla prima e con - le righe della prima versione che sono state eliminate oppure modificate (ovvero sostituite da un'altra riga):

```
     const state = selection.state
     const remoteName = state.remote ? state.remote.name : null
+    const progress = state.pushProgress || state.pullProgress
+
     return <PushPullButton
       dispatcher={this.props.dispatcher}
       repository={selection.repository}
       remoteName={remoteName}
       lastFetched={state.lastFetched}
       networkActionInProgress={state.pushPullInProgress}
-      progress={state.pushProgress}
+      progress={progress}
```

Risultato del merge di due versioni di un codice sorgente

14. Grafi

Con il termina **grafo** si intende, "una struttura relazionale formata da un insieme finito di oggetti detti nodio vertici, e da un insieme di relazioni tra coppie di oggetti dette archi o spigoli".

"È possibile rappresentare come un grafo: una rete telefonica in cui i nodi rappresentano gli utenti e i punti di smistamento e gli archi i cavi di collegamento tra i nodi; un circuito elettrico in cui i nodi rappresentano i punti di giunzione e gli archi i collegamenti elettrici; una rete stradale in cui i nodi rappresentano gli incroci e gli archi le strade; un impianto idraulico in cui i nodi rappresentano le giunzioni e gli archi i tubi; una rete di elaboratori in cui i nodi rappresentano gli elaboratori connessi in rete e gli archi le linee di comunicazione tra di essi.

Nel caso di una rete stradale, in cui tutte le strade sono a senso unico, gli archi del grafo potranno essere percorsi in una sola direzione; nel caso invece di una rete idraulica i collegamenti sono tipicamente bidirezionali (a meno che nell'impianto esistano valvole)". (da Enciclopedia Treccani).

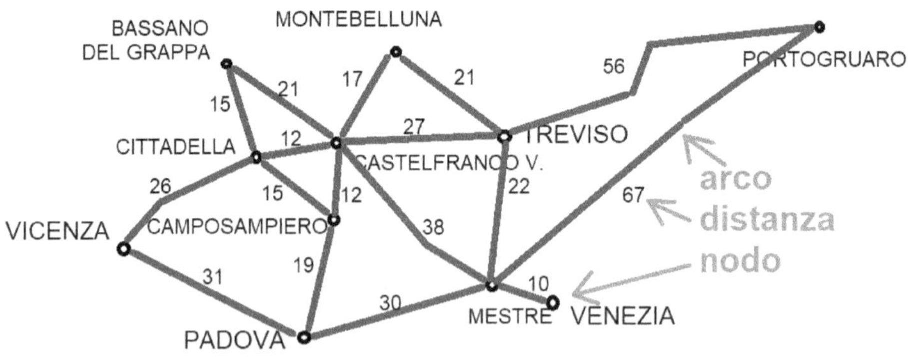

Una Rete Ferroviaria - si tratta di un grafo i cui nodi sono le città, gli archi sono le tratte ferroviarie etichettate con le distanze in km

L'obiettivo che ci si pone è quello di memorizzare una rete ferroviaria. A tal proposito si considera un grafo costituito da nodi che rappresentano le città e da archi che costituiscono i collegamenti ferroviari tra le città.

Per memorizzare un grafo si può utilizzare un array per i nodi e una matrice, detta **matrice di adiacenza**, per le distanze dei collegamenti diretti tra due nodi.

In sostanza, ad ogni coppia di nodi si associa un valore >0 che rappresenta la distanza dell'arco che li collega, oppure il valore 0 in assenza del corrispondente arco.

Infatti, la "matrice di adiacenza" esprime quali nodi sono adiacenti tra loro, essendoci un collegamento diretto tra gli stessi.

Per la rete ferroviaria illustrata in figura occorrono le seguenti strutture dati:

array di città

Vicenza	Padova	Mestre	Venezia	Citta della	Bassano	Campo sampiero	Castel franco	Monte belluna	Treviso	Porto gruaro
0	1	2	3	4	5	6	7	8	9	10

matrice di adiacenza

	0	1	2	3	4	5	6	7	8	9	10
0	0	31	0	0	26	0	0	0	0	0	0
1	31	0	30	0	0	0	19	0	0	0	0
2	0	30	0	10	0	0	0	38	0	22	67
3	0	0	10	0	0	0	0	0	0	0	0
4	26	0	0	0	0	15	15	12	0	0	0
5	0	0	0	0	15	0	21	0	0	0	0
6	0	19	0	0	15	21	0	0	0	0	0
7	0	0	38	0	12	0	0	0	17	27	0
8	0	0	0	0	0	0	0	17	0	21	0
9	0	0	22	0	0	0	0	27	21	0	56
10	0	0	67	0	0	0	0	0	0	56	0

Si noti che la matrice di adiacenza risulta **simmetrica** rispetto alla diagonale principale (le celle evidenziate) trattandosi di collegamenti bidirezionali (si dice anche che gli archi non sono orientati); pertanto risulta sempre vera l'uguaglianza matrice[i,j] == matrice[j,i]. Inoltre si noti che la maggior parte delle celle contiene il valore 0.

ESERCIZIO 14.1

Si vuole ora scrivere un programma che, dopo aver caricato in memoria in modo interattivo la rete ferroviaria, consenta di interrogarla per calcolare la lunghezza di un percorso fornito in input.

Soluzione:

Il diagramma delle classi è il seguente:

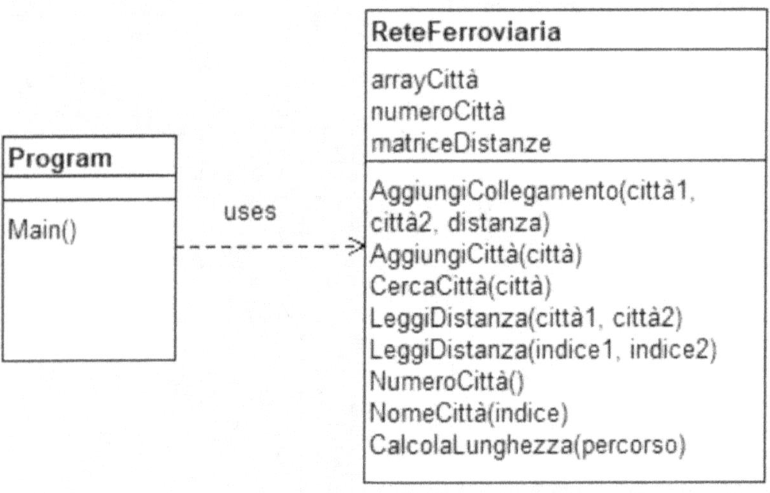

Diagramma delle classi

La classe ReteFerroviaria memorizza le informazioni sulle città e la rete di collegamenti tra le stesse e fornisce i metodi per il caricamento e per il calcolo della lunghezza di un percorso.

Per il dialogo con l'utente si può agevolmente creare un Form oppure limitarsi ad un test di funzionamento con una interfaccia Console.

```
public class ReteFerroviaria
{
  private string[] arrCittà;
  private int[,] matDistanze;
  private int numCittà;

  // costruttore che riceve in input tutti i dati della rete
  public ReteFerroviaria(string[] array, int[,] matrice)
  {
    arrCittà = array;
    matDistanze = matrice;
    numCittà = array.Length;
  }

  // costruttore senza parametri
  // da usare quando si vuole caricare la rete stradale
  // in modo interattivo
  public ReteFerroviaria()
  {
    arrCittà = new string[100];  // max 100 città
    // si sfrutta l'inizializzazione automatica delle celle con 0
    matDistanze = new int[100, 100];
    numCittà = 0;
  }

  // metodo per l'inserimento interattivo della rete:
  // un collegamento alla volta
  public void AggiungiCollegamento(string città1, string città2,
                                   int distanza)
  {
    // controllo se le città sono già inserite nell'array
    int pos1 = CercaCittà(città1);
    int pos2 = CercaCittà(città2);
    // se le città non ci sono nell'array allora vengono inserite
    if (pos1 == -1)
    { pos1 = AggiungiCittà(città1); }
    if (pos2 == -1)
    { pos2 = AggiungiCittà(città2); }
    // ora sicuramente le città sono entrambe presenti nell'array
    matDistanze[pos1, pos2] = distanza;
```

```
    // e anche per simmetria la seguente istruzione
    matDistanze[pos2, pos1] = distanza;
  }

  public int CercaCittà(string città)
  {
    int pos = -1; // non trovato
    int i = 0;
    while (i < numCittà && pos == -1)
    {
      if (arrCittà[i] == città)
      { pos = i; }
      else
      { i++; }
    }
    return pos;
  }

  // metodo che aggiunge una città nell'array
  // e restituisce la posizione di inserimento
  public int AggiungiCittà(string città)
  {
    // aggiunge la città in fondo all'array
    int pos = numCittà;
    arrCittà[pos] = città;
    numCittà++;
    return pos;
  }

  // metodi per la lettura dei dati dall'esterno

  public int NumeroCittà()
  { return numCittà; }

  public string NomeCittà(int indice)
  { return arrCittà[indice]; }

  public int LeggiDistanza(int indice1, int indice2)
  { return matDistanze[indice1, indice2]; }

  // metodi per calcolare la lunghezza di un percorso

  public int LeggiDistanza(string città1, string città2)
  {
    int pos1 = CercaCittà(città1);
    int pos2 = CercaCittà(città2);
    if (pos1 != -1 && pos2 != -1)
    { return matDistanze[pos1, pos2]; }
    else
```

```
    { return 0; }  // per città inesistenti!
  }

  // un percorso è memorizzato come un array di città
  public int CalcolaLunghezza(string[] percorso)
  {
    int somma = 0;
    for (int i = 1; i < percorso.Length; i++)
    {
      somma = somma + LeggiDistanza(percorso[i-1], percorso[i]);
    }
    return somma;
  }
}

// si esegue un piccolo test di funzionamento
public class Program
{
  public static void Main()
  {
    ReteFerroviaria r = new ReteFerroviaria();
    r.AggiungiCollegamento("treviso", "padova", 30);
    r.AggiungiCollegamento("treviso", "venezia", 25);
    Console.WriteLine(r.NumeroCittà());  // 3
    Console.WriteLine(r.CercaCittà("padova"));  // 1
    Console.WriteLine(r.LeggiDistanza("treviso", "padova")); //30
    string[] percorso = new string[]
                       {"padova", "treviso", "venezia"};
    Console.WriteLine(r.CalcolaLunghezza(percorso));  // 55
  }
}
```

Per caricare la rete ferroviaria mostrata in figura, si può scegliere tra i seguenti due modi equivalenti: il 1° utilizza un array di città e la corrispondente matrice di adiacenza, il 2° aggiunge uno alla volta i collegamenti costituiti dalle singole tratte ferroviarie.

```
// caricamento della rete ferroviaria - 1° MODO

string[] città = new string[]
     {"Vicenza","Padova","Mestre","Venezia","Cittadella",
"Bassano","Camposampiero","Castelfranco","Montebelluna",
"Treviso","Portogruaro"};

int[,] mat = new int[,]{
     {0,  31,  0,   0,   26,  0,   0,   0,   0,   0,   0},
     {31, 0,   30,  0,   0,   0,   19,  0,   0,   0,   0},
     {0,  30,  0,   10,  0,   0,   0,   38,  0,   22,  67},
```

```
        {0,  0,  10, 0,  0,  0,  0,  0,  0,  0,  0},
        {26, 0,  0,  0,  0,  15, 15, 12, 0,  0,  0},
        {0,  0,  0,  0,  15, 0,  21, 0,  0,  0,  0},
        {0,  19, 0,  0,  15, 21, 0,  0,  0,  0,  0},
        {0,  0,  38, 0,  12, 0,  0,  0,  17, 27, 0},
        {0,  0,  0,  0,  0,  0,  0,  17, 0,  21, 0},
        {0,  0,  22, 0,  0,  0,  0,  27, 21, 0,  56},
        {0,  0,  67, 0,  0,  0,  0,  0,  0,  56, 0}};

ReteFerroviaria r = new ReteFerroviaria(città, mat);
```

```
// caricamento della rete ferroviaria - 2° MODO

ReteFerroviaria r = new ReteFerroviaria();
r.AggiungiCollegamento("Vicenza", "Padova", 31);
r.AggiungiCollegamento("Vicenza", "Cittadella", 26);
r.AggiungiCollegamento("Padova", "Camposampiero", 19);
r.AggiungiCollegamento("Padova", "Mestre", 30);
r.AggiungiCollegamento("Mestre", "Venezia", 10);
r.AggiungiCollegamento("Mestre", "Castelfranco", 38);
r.AggiungiCollegamento("Mestre", "Treviso", 22);
r.AggiungiCollegamento("Mestre", "Portogruaro", 67);
r.AggiungiCollegamento("Cittadella", "Bassano", 15);
r.AggiungiCollegamento("Cittadella", "Castelfranco", 12);
r.AggiungiCollegamento("Cittadella", "Camposampiero", 15);
r.AggiungiCollegamento("Bassano", "Castelfranco", 21);
r.AggiungiCollegamento("Montebelluna", "Castelfranco", 17);
r.AggiungiCollegamento("Treviso", "Castelfranco", 27);
r.AggiungiCollegamento("Treviso", "Montebelluna", 21);
r.AggiungiCollegamento("Treviso", "Portogruaro", 56);
r.AggiungiCollegamento("Camposampiero", "Castelfranco", 12);
```

La ricerca del cammino minimo – algoritmo di Dijkstra

Un classico problema che si ha in una rete stradale, ma anche in una rete geografica di computer, è la ricerca del percorso più breve (shortest path) tra un nodo di partenza e uno di destinazione.

La soluzione ottima a questo problema viene fornita dall'algoritmo di Dijkstra (si pronuncia daikstra).

Per illustrare tale algoritmo, si suppone di partire da Vicenza e avere come destinazione Portogruaro.

Ad ogni città si associano le seguenti informazioni:

1. un numero che rappresenta la lunghezza del migliore cammino trovato fino a quel momento, dalla città di partenza (Vicenza) fino alla città considerata;
2. l'indice della città da cui si origina il collegamento che è stato utilizzato per raggiungerla (evidenziato graficamente da una freccia);
3. un valore booleano che esprime se tali dati sono da considerarsi definitivi (true) oppure provvisori (false).

Si tratta di un algoritmo iterativo.

Passo 0: all'inizio si assegna alla città di Vicenza la lunghezza 0 del percorso per raggiungerla e si considera questo dato definitivo: viene pertanto contrassegnata la città con un quadratino rosso. Vedi la figura seguente:

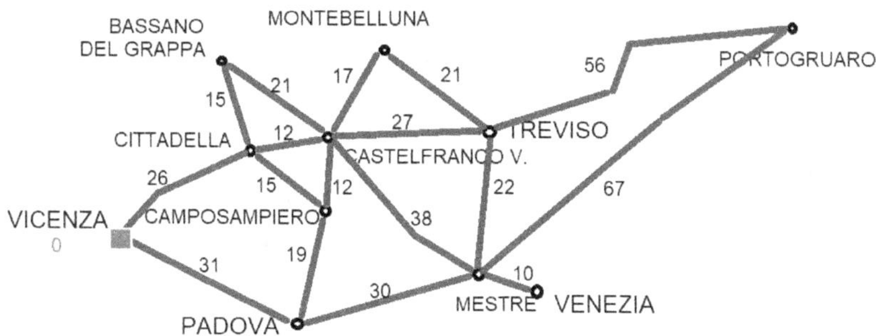

Passo 1: Partendo da Vicenza si considerano tutti i collegamenti

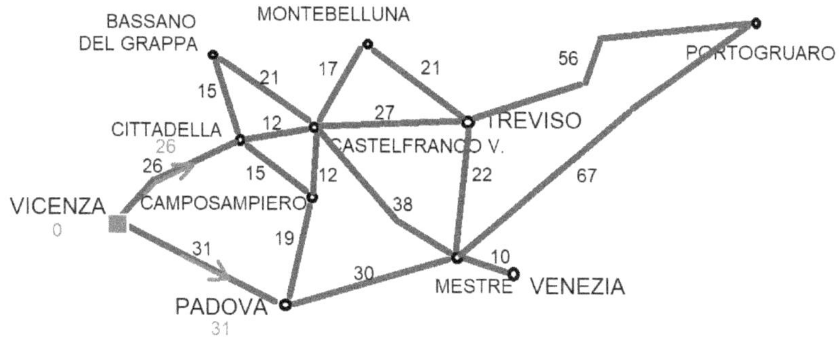

che partono da essa: uno di lunghezza 26 va a Cittadella e l'altro di lunghezza 31 va a Padova. Queste informazioni vengono opportunamente registrate e vengono considerate provvisorie.

Poi si analizzano tutte le città con lunghezze provvisorie e si rende definitiva quella con la lunghezza inferiore: si tratta di Cittadella che ha la lunghezza del percorso Vicenza-Cittadella di 26 km. Pertanto si mette un quadratino rosso su Cittadella.

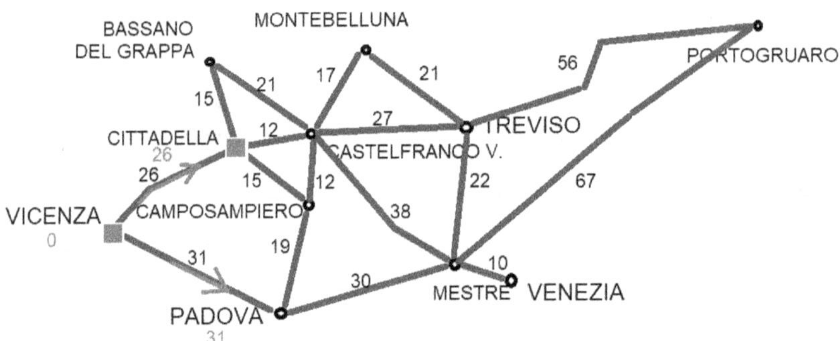

Passo 2: Si considerano i collegamenti che partono da Cittadella (che è l'ultima città resa definitiva) e si aggiornano le informazioni di lunghezza e provenienza delle diverse città che si possono raggiungere direttamente da Cittadella: Bassano del Grappa con una lunghezza totale di 26 + 15 = 41 km, Castelfranco V. con una lunghezza totale di 26 + 12 = 38 km e Camposampiero con 41 km. Si tratta di informazioni provvisorie:

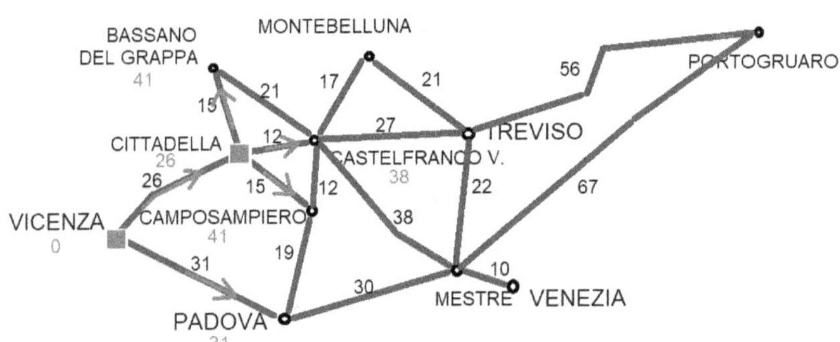

Si rendono definitive le informazioni associate alla città che, tra quelle provvisorie, ha la lunghezza del percorso inferiore: si tratta di Padova (con lunghezza 31km).

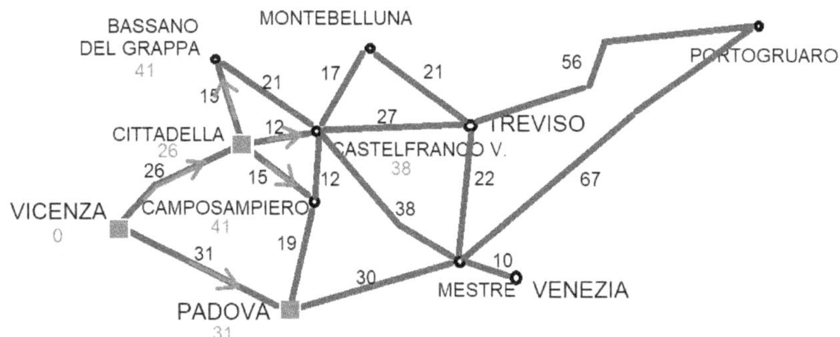

Passo 3: A partire dall'ultima città resa definitiva, Padova, si considerano tutti i collegamenti che partono da essa e che raggiungono città non ancora rese definitive. Così si aggiornano i dati di Mestre (lunghezza totale da Vicenza di 61 km, e provenienza da Padova). I dati di Camposampiero non sono da aggiornare perché risulta impossibile migliorarli passando per Padova (infatti 31 + 19 = 50 che è > 41).

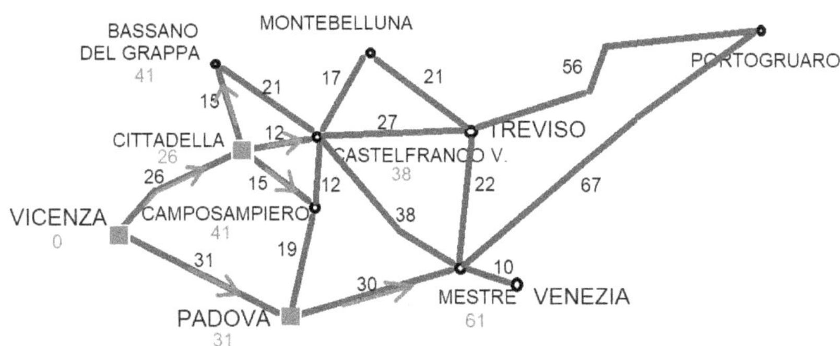

Poi si rendono definitivi i dati di Castelfranco V. perché è la città con la lunghezza del percorso minore tra tutte quelle provvisorie.

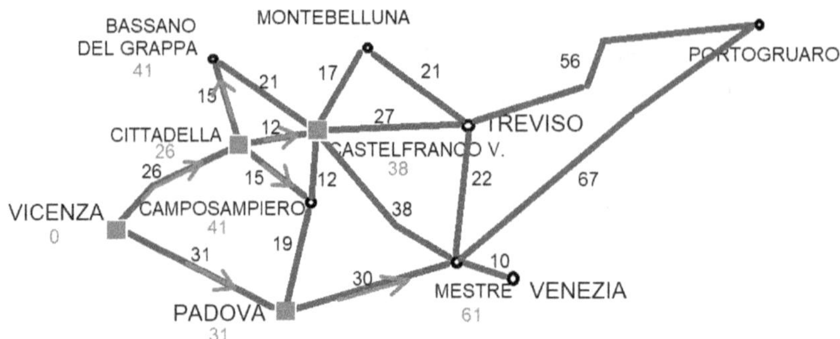

Passo 4: A partire dall'ultima città resa definitiva, Castelfranco V., si aggiornano i dati delle città con dati ancora provvisori che sono direttamente raggiungibili da Castelfranco V.. Si tratta di Montebelluna, Treviso e Mestre. Per quest'ultima, non c'è nessun miglioramento se si proviene da Castelfranco V. e pertanto si mantengono i dati già scritti: infatti la nuova lunghezza sarebbe 38 + 38 = 76 km che è maggiore di quella già considerata passando per Padova.

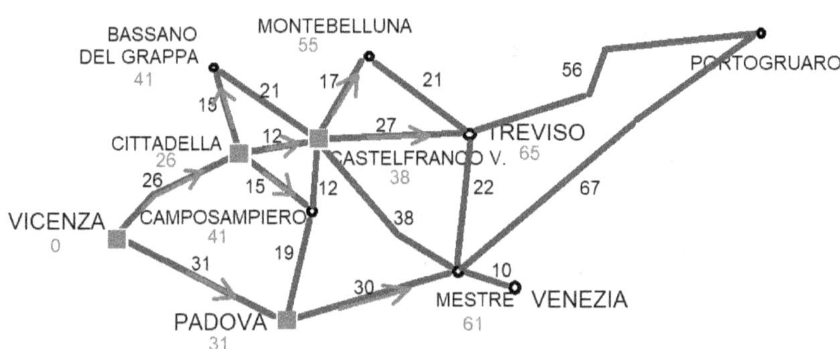

Si nota che ora Bassano del Grappa ha la stessa lunghezza di Camposampiero. Si sceglie arbitrariamente di rendere definitiva Bassano del Grappa.

Passo 5: A partire da Bassano non c'è nulla da aggiornare. Quindi si rendono definitivi i dati di Camposampiero; anche in questo caso non ci sono dati da aggiornare.

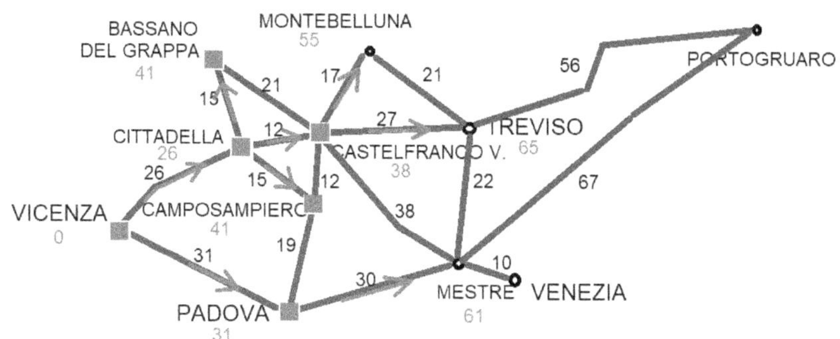

Si prosegue scegliendo la città con lunghezza inferiore: si tratta di Montebelluna.

Passo 6: A partire da Montebelluna, si provano ad aggiornare i dati di Treviso, ma poiché risulterebbe 55+21=76 km passando per Montebelluna, rimangono validi i dati già presenti: 65 km passando per Castelfranco V.

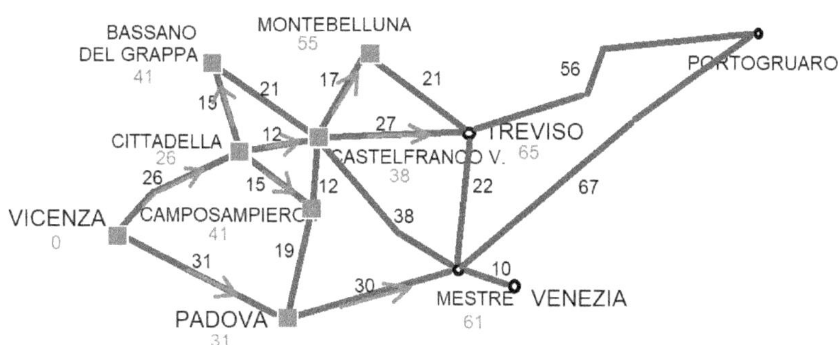

Pertanto si rendono definitivi i dati di Mestre, che risulta essere

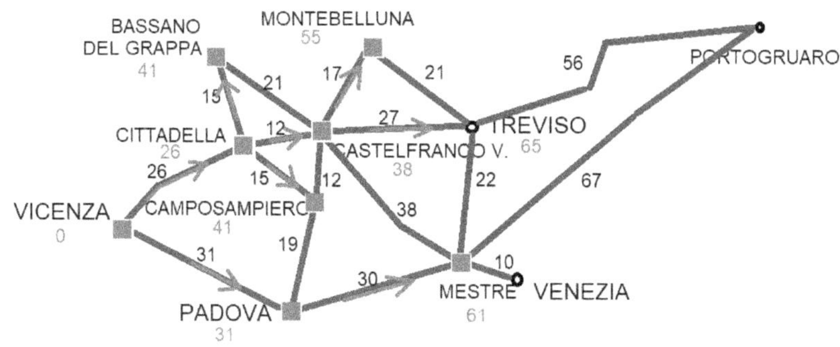

tra le città con dati provvisori, quella con la lunghezza inferiore.

Passo 7: A partire da Mestre, si aggiornano i dati di Venezia e di Portogruaro, e poi si rende definitiva la città di Treviso.

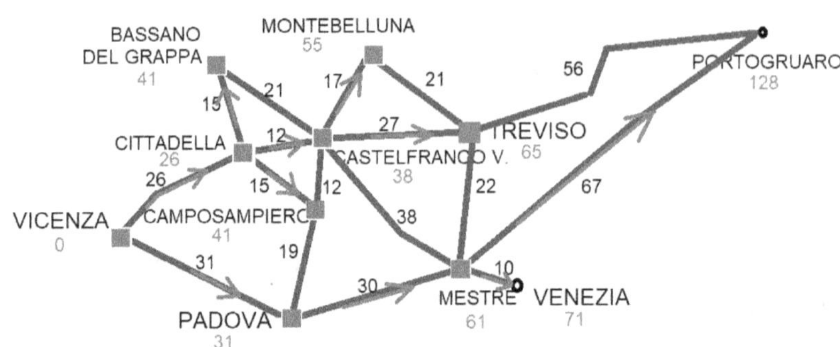

Passo 8: Partendo da Treviso, si aggiornano i dati di Portogruaro: la lunghezza calcolata 65 + 56 = 121 km migliora il dato provvisorio e quindi si effettua l'aggiornamento sia della lunghezza (121) sia della provenienza (freccia da Treviso).

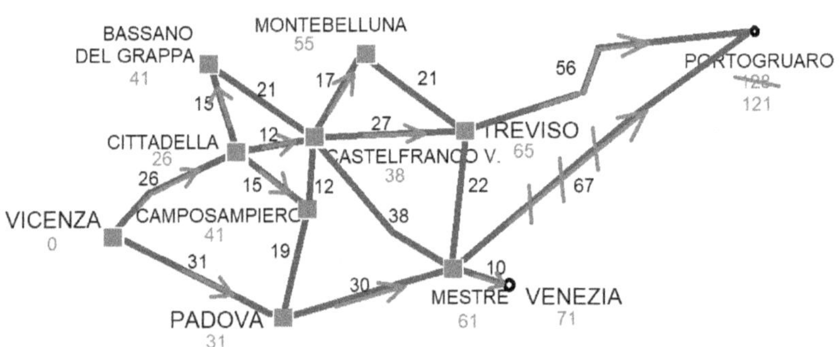

Si rende definitiva la città di Venezia e poi, finalmente, anche la città di Portogruaro e quindi il procedimento di ricerca del percorso ottimo da Vicenza a Portogruaro termina.

La lunghezza è di 121 km e il tragitto viene ricostruito procedendo a partire da Portogruaro e seguendo a ritroso le frecce fino a Vicenza: Portogruaro ← Treviso ← Castelfranco V. ←Cittadella ← Vicenza.

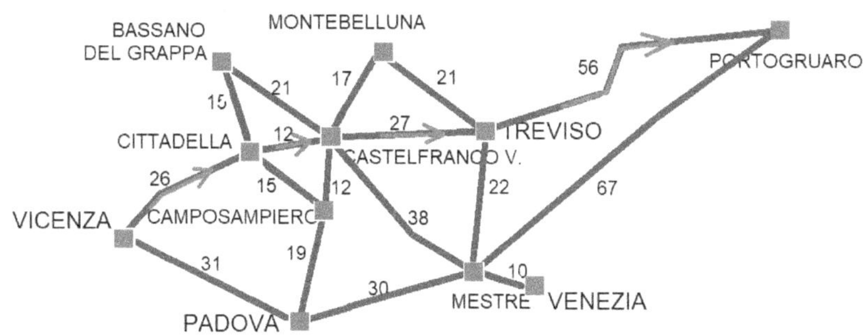

Si noti che l'algoritmo non ha prodotto solo il percorso ottimo da Vicenza a Portogruaro, ma anche i percorsi ottimi da Vicenza a ciascuna delle città che sono diventate definitive.

In pratica, in questo caso, si sono ottenuti i percorsi ottimi da Vicenza a tutte le città della rete ferroviaria considerata!

In sintesi l'algoritmo di Dijkstra è il seguente:

- si inizia dalla città di partenza e la si rende definitiva con lunghezza 0
- finchè la città di destinazione non è diventata definitiva
    - si considerano tutti i collegamenti che partono dalla città corrente e che raggiungono una città non ancora definitiva: per ciascuna città così raggiungibile si ricalcola la lunghezza del percorso che passa per la città corrente e, se risulta inferiore a quella eventualmente calcolata in precedenza, si aggiornano i dati della città con la nuova lunghezza così calcolata e la città corrente come provenienza
    - si trova tra tutte le città non ancora definitive quella con la lunghezza inferiore e la si rende definitiva
- si ricostruisce il percorso ottimo dalla città di destinazione procedendo a ritroso fino a quella di partenza

Il codice del metodo di calcolo del percorso ottimo va aggiunto alla classe ReteFerroviaria:

```
// class ReteFerroviaria

public string[] CalcolaPercorsoOttimo(string partenza,
                                      string destinazione)
{
  // dati associati alle città
  int[] lunghezza = new int[numCittà];
  bool[] definitiva = new bool[numCittà];
  int[] provenienza = new int[numCittà];

  // inizializzo le lunghezze delle città con un valore
  // molto grande e dichiaro che sono tutte provvisorie
  for (int i = 0; i < numCittà; i++)
  {
    lunghezza[i] = 999999;
    definitiva[i] = false;
  }

  // considero la città di partenza e la rendo definitiva
  int indicePartenza = CercaCittà(partenza);
  int indiceDestinazione = CercaCittà(destinazione);
  lunghezza[indicePartenza] = 0;
  definitiva[indicePartenza] = true;
  int indiceCorrente = indicePartenza;  // la città corrente

  // finchè la città di destinazione non è definitiva
  while(! definitiva[indiceDestinazione])
  {
    // considero tutti i collegamenti che partono dalla città
    // corrente e che portano ad una città non definitiva
    // e tento di aggiornare la lunghezza e la provenienza
    for (int j = 0; j < numCittà; j++)
    {
      if (matDistanze[indiceCorrente, j] > 0 && ! definitiva[j])
      {
        int nuovaLunghezza = lunghezza[indiceCorrente] +
                             matDistanze[indiceCorrente, j];
        if (nuovaLunghezza < lunghezza[j])
        {
          lunghezza[j] = nuovaLunghezza;
          provenienza[j] = indiceCorrente;
        }
      }
    }
    // considero tutte le città non definitive
    // cerco quella con la minore lunghezza e la rendo definitiva
    // essa diventerà anche la città corrente
    int min = 999999;
    int indiceMin = -1;
```

```
    for (int j = 0; j < numCittà; j++)
    {
      if(! definitiva[j] && lunghezza[j] < min)
      {
        min = lunghezza[j];
        indiceMin = j;
      }
    }
    definitiva[indiceMin] = true;
    indiceCorrente = indiceMin;
  }
  // ricostruisco il percorso a ritroso
  int i = indiceDestinazione;
  int cont = 1;
  // conto quante città ci sono nel percorso
  while (i != indicePartenza)
  {
    cont++;
    i = provenienza[i];
  }
  // creo l'array per memorizzare il percorso ottimo
  string[] percorso = new string[cont];
  int k = cont - 1; // l'ultima componente dell'array
  i = indiceDestinazione;
  while (k >= 0)
  {
    percorso[k] = arrCittà[i];
    k--;
    i = provenienza[i];
  }
  return percorso;
}
```

Il Main() dopo aver creato l'oggetto ReteFerroviaria lo interrogherà per calcolare il percorso ottimo da Vicenza a Portogruaro:

```
public static void Main()
{
  string[] città = new string[]{…};
  int[,] mat = new int[,]{…}
  ReteFerroviaria r = new ReteFerroviaria(città, mat);
  string[] p = r.CalcolaPercorsoOttimo("Vicenza", "Portogruaro");
  Console.WriteLine(r.CalcolaLunghezza(p));
  for(int i = 0; i < p.Length; i++)
  { Console.WriteLine(p[i]); }
}
```

Con Vicenza-Portogruaro si ottiene:

```
121
Vicenza
Cittadella
Castelfranco
Treviso
Portogruaro
```

Con Vicenza-Venezia si ottiene:

```
71
Vicenza
Padova
Mestre
Venezia
```

Individuazione del minimo albero di copertura - algoritmo di Prim

Un altro problema molto interessante è l'individuazione del cosiddetto minimo albero di copertura (MST - Minimum SpanningTree) di una rete stradale o di una rete di telecomunicazioni.

Si tratta di individuare un sottoinsieme minimale di collegamenti in grado di mantenere la possibilità di raggiungere tutti i nodi della rete e che abbiano complessivamente la lunghezza minore possibile.

In generale, per una rete con n nodi occorrono esattamente n-1 collegamenti. Si ottiene un grafo senza circuiti che, tecnicamente, viene detto **albero**.

Per memorizzare l'albero dei collegamenti minimali tra le città della rete, si propone di associare a ciascuna città un array booleano contenente il valore true in corrispondenza dei collegamenti selezionati per far parte dell'albero (collegamenti attivi) e false per tutti gli altri (collegamenti disattivati). In questo modo si avrà un array di array, ovvero una matrice, di valori booleani che andrà ad affiancarsi alla matrice delle distanze.

L'algoritmo proposto è quello di Prim. Si tratta di un algoritmo iterativo di tipo "greedy" (goloso), che in sostanza procede a colpo sicuro effettuando ad ogni passo una scelta che risulta ottimale e definitiva.

Il primo passo consiste nello scegliere arbitrariamente una città come nodo di partenza per la costruzione dell'albero; pertanto nella rete ferroviaria che si sta considerando, si sceglie Vicenza come nodo di partenza.

Poi si considerano tutti i collegamenti che partono dal suddetto nodo, si tratta dei collegamenti che portano a Cittadella (26 km) e a Padova (31 km):

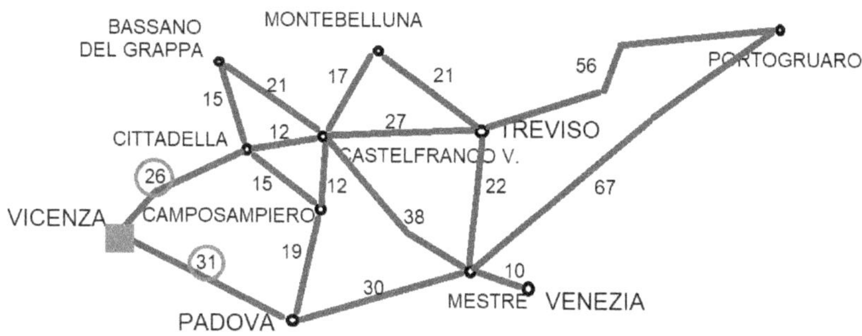

Di questi due collegamenti si considera il più breve e lo si aggiunge all'albero in corso di costruzione.

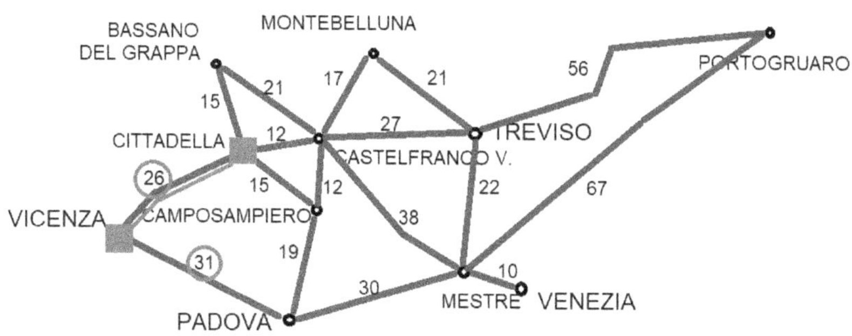

Pertanto sta cominciando a prendere forma un albero costituito per ora dai nodi Vicenza e Cittadella, collegati dal tratto di lunghezza 26 km.

Ad ogni passo successivo, si considerano i nodi facenti parte dell'albero (per ora sono Vicenza e Cittadella) e si analizzano le lunghezze di tutti i collegamenti che partono da questi nodi e che portano ad una città non ancora facente parte dell'albero:

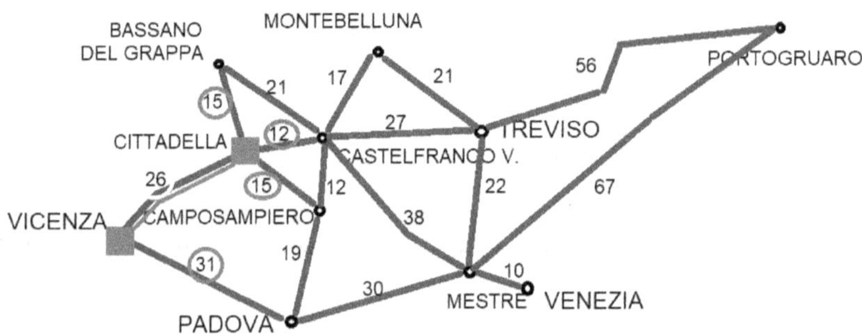

Pertanto si confrontano i collegamenti Vicenza-Padova di 31km, Cittadella-Bassano di 15km, Cittadella-Castelfranco di 12km e Cittadella-Camposampiero di 15km. Di questi collegamenti viene preso il più breve e lo si aggiunge all'albero:

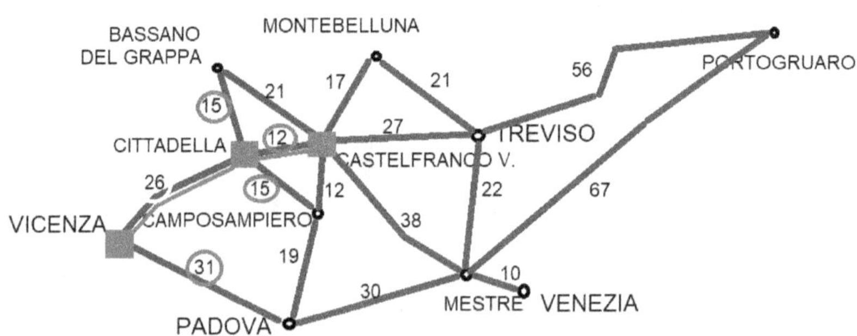

Si procede in questo modo finchè l'albero arriva a comprendere tutti i nodi della rete.

Al passo successivo l'albero comprende Vicenza, Cittadella e Castelfranco V. e ci sono i seguenti collegamenti da valutare: Vicenza-Padova di 31km, Cittadella-Bassano di 15km, Cittadella-Camposampiero di 15km, Castelfranco-Bassano di 21km,

Castelfranco-Montebelluna di 17km, Castelfranco-Treviso di 27km, Castelfranco-Mestre di 38km e Castelfranco-Camposampiero di 12km:

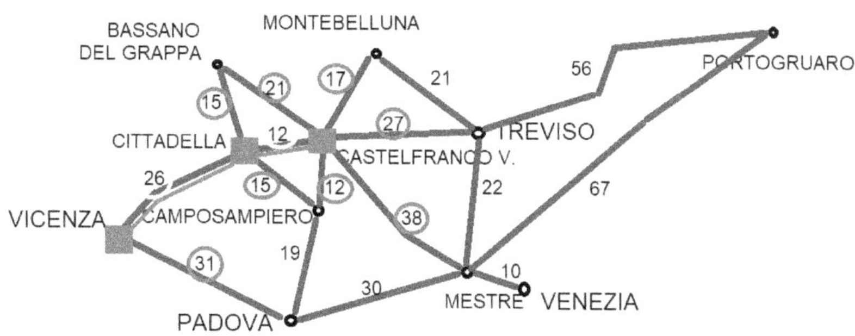

Così, nell'albero ottimo viene aggiunta Camposampiero e il collegamento Castelfranco-Camposampiero di 12km:

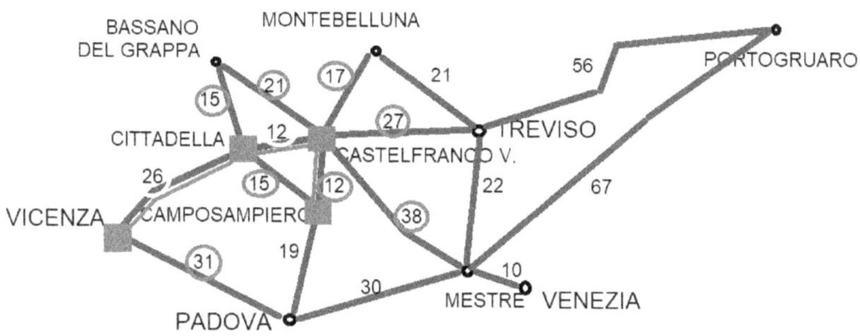

Al passo successivo entra in gioco anche il collegamento Camposampiero-Padova di 19km:

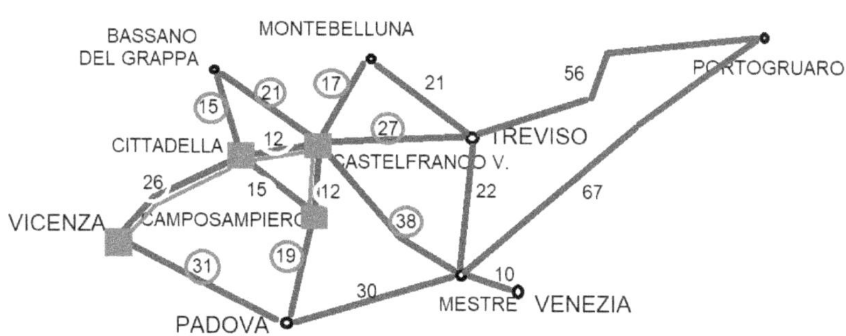

Viene ora preso il collegamento Cittadella-Bassano di 15km, così Bassano entra nell'albero ottimo.

L'ingresso di Bassano nell'albero non aggiunge nessun nuovo collegamento al confronto in quanto da essa non si possono raggiungere città non ancora facenti parte dell'albero.

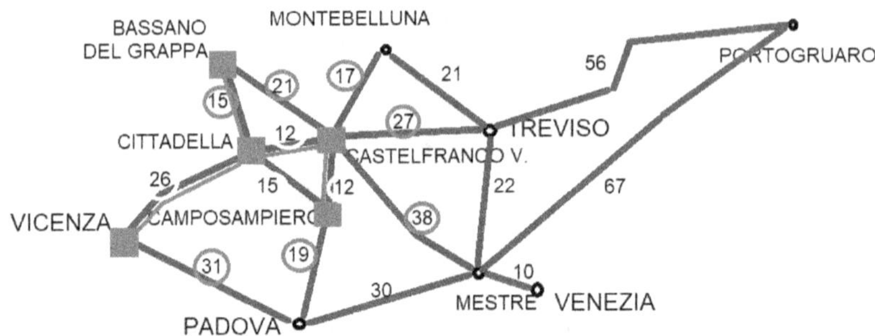

Potrebbero capitare situazioni di collegamenti di pari lunghezza: in tali casi si effettua una scelta arbitraria tra i candidati e questo comporta la non unicità dell'albero ottimo.

Ora è il turno del collegamento Castelfranco-Montebelluna, che è il più breve tra quelli in sospeso. Montebelluna entra nell'albero e così si deve considerare anche il collegamento Montebelluna-Treviso:

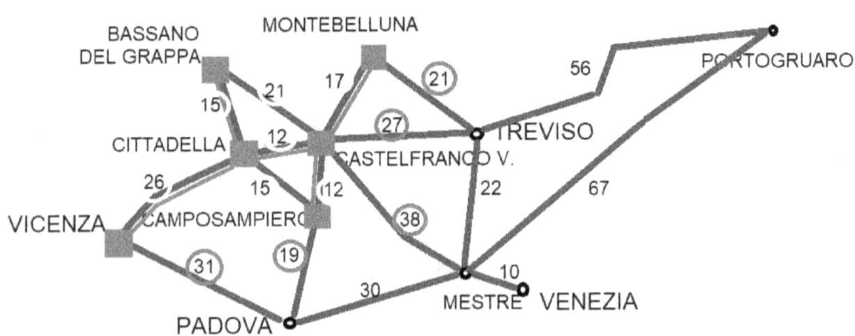

Viene preso il collegamento Camposampiero-Padova di 19km:

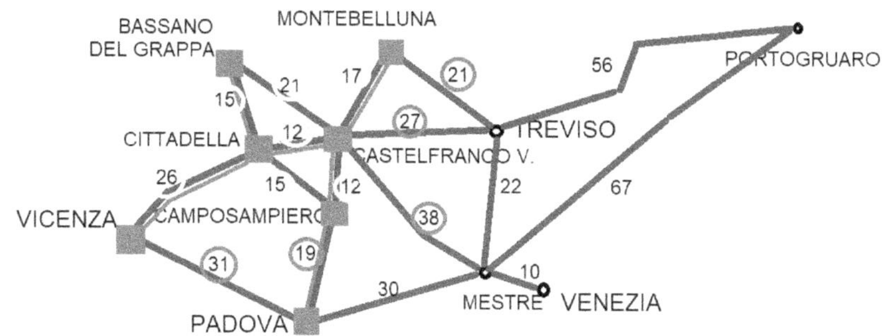

Padova è entrata nell'albero, così si deve considerare anche Padova-Mestre di 30 km.

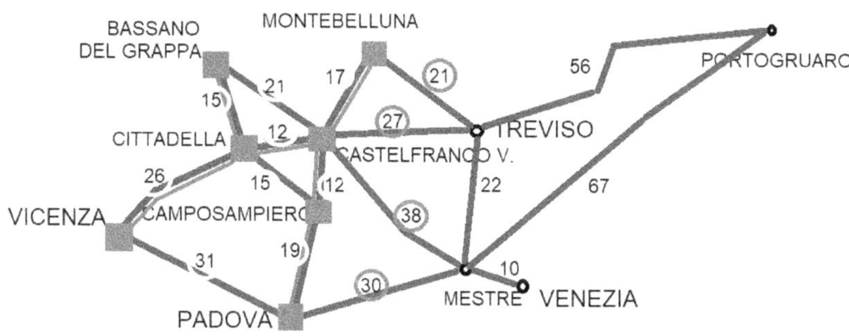

Dei 4 collegamenti ora in esame si prende Montebelluna-Treviso:

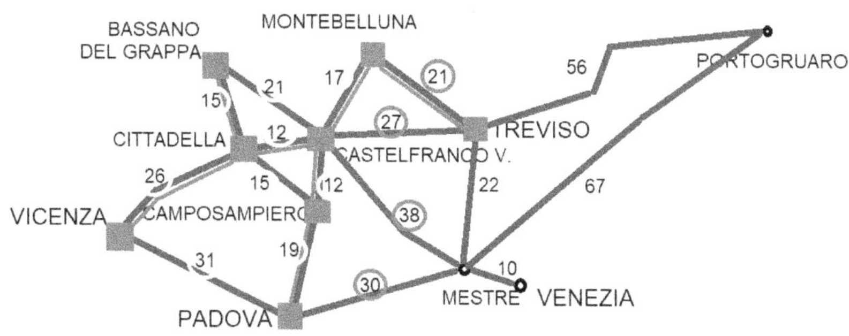

Da Treviso si possono raggiungere Portogruaro e Mestre, che non fanno ancora parte dell'albero ottimo.

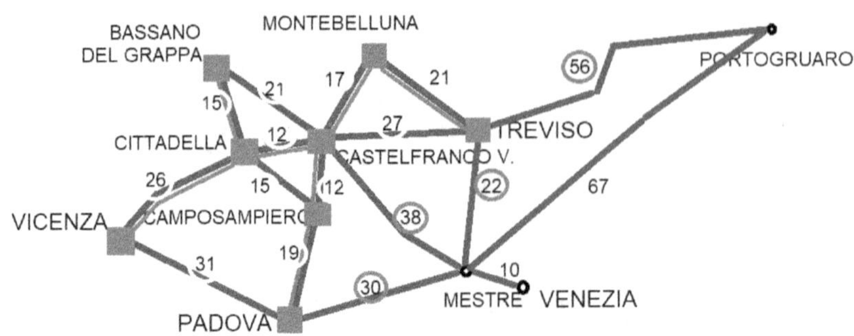

Viene preso il collegamento Treviso-Mestre e così Mestre entra a far parte dell'albero.

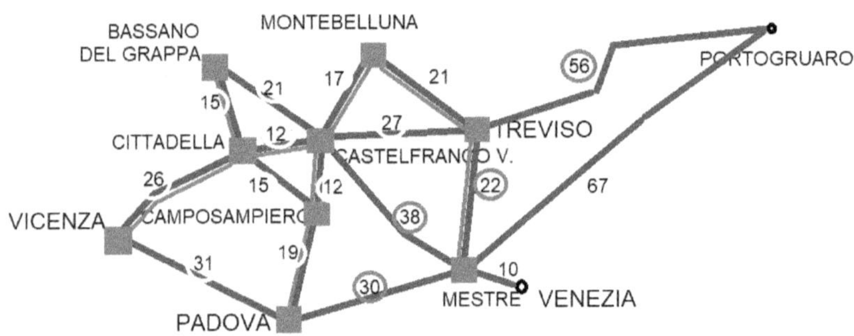

Ora si considerano i collegamenti Treviso-Portogruaro, Mestre-Venezia e Mestre-Portogruaro:

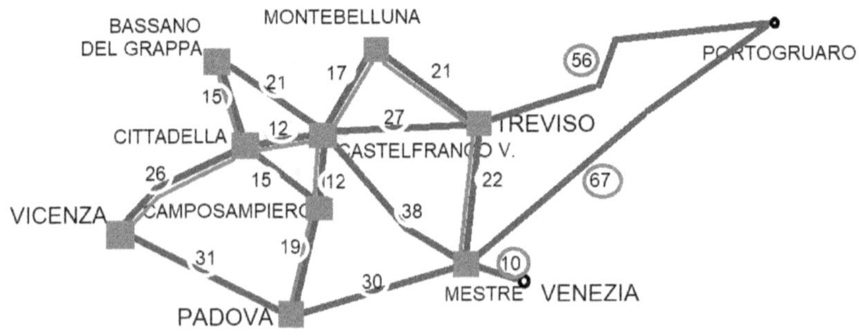

Viene aggiunto all'albero il collegamento Mestre-Venezia:

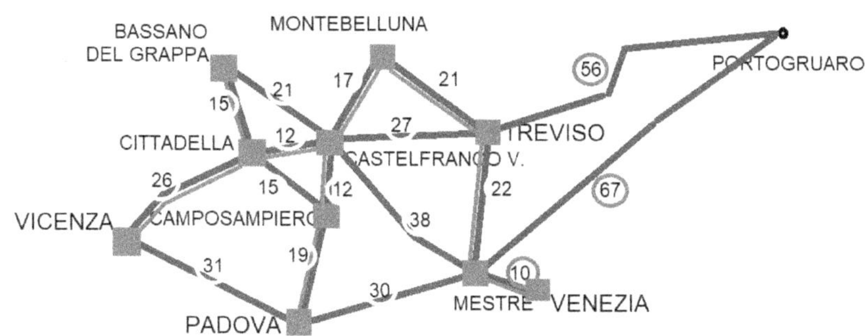

Da Venezia non ci sono altre città raggiungibili. Il lavoro termina scegliendo il più breve dei due collegamenti che portano a Portogruaro:

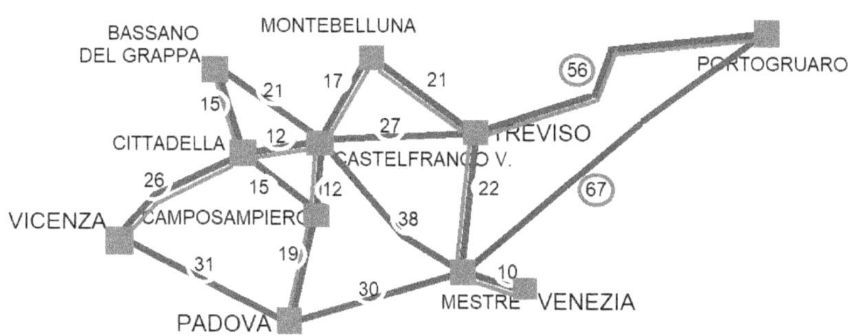

In definitiva, l'albero ottimo dei collegamenti della rete ferroviaria è illustrato nella seguente figura:

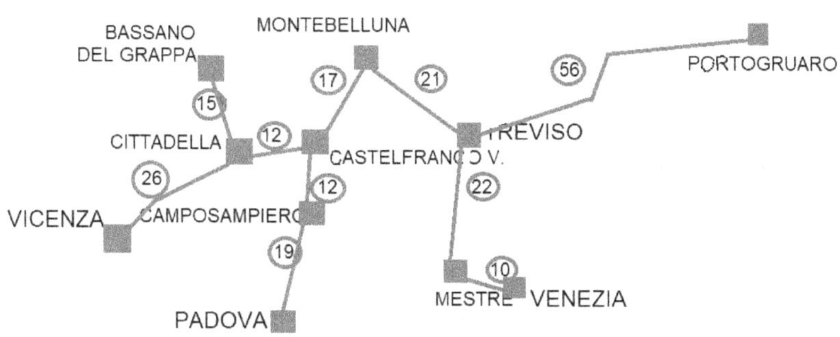

Il Mininum SpanningTree della rete

La lunghezza totale dei collegamenti facenti parte dell'albero ottimo (Minimum Spanning Tree) è di 210 km: si tratta della lunghezza complessiva minima possibile per poter mantenere collegate tra di loro tutte le città della rete.

La codifica software prevede di aggiungere alla classe ReteFerroviaria un attributo per memorizzare l'albero MST sotto forma di matrice di valori booleani, un metodo per calcolare l'MST della rete stessa e un metodo per stamparlo:

```
// nella classe ReteFerroviaria

// attributo aggiuntivo per memorizzare il MST
private bool[,] alberoCollegamenti;

public void CalcolaMST()
{
  // creazione della matrice
  // tutti le celle sono automaticamente inizializzate a false
  alberoCollegamenti = new bool[numCittà, numCittà];
  // array per individuare le città inserite nel MST
  bool[] nodiAlbero = new bool[numCittà]; // tutti false
  // inserisco nell'albero la città iniziale
  nodiAlbero[0] = true;
  int numNodiAlbero = 1;

  // il ciclo termina quando tutte le città fanno parte del MST
  while (numNodiAlbero < numCittà)
  {
    // considero tutti i collegamenti che si originano dai nodi
    // dell'albero e che conducono ad un nodo non ancora facente
    // parte dell'albero
    // e individuo quello con la lunghezza minore
    int min = 999999;
    // un collegamento coinvolge due città
    int indice1Min = -1;
    int indice2Min = -1;
    for (int i = 0; i < numCittà; i++)
    {
      // considero solo i nodi che fanno parte dell'albero
      if (nodiAlbero[i])
      {
        for (int j = 0; j < numCittà; j++)
        {
          // considero i collegamenti dalla città i alla città j
          // solo se la città j non fa parte dell'albero
          if (! nodiAlbero[j])
```

```
          {
            if (matDistanze[i,j] > 0 && matDistanze[i,j] < min)
            {
              min = matDistanze[i,j];
              indice1Min = i;
              indice2Min = j;
            }
          }
        }
      }
    }
    // aggiungo al MST il collegamento e la città individuati
    alberoCollegamenti[indice1Min, indice2Min] = true;
    nodiAlbero[indice2Min] = true;
    numNodiAlbero++;
  }
}

// metodo per stampare i collegamenti che costituiscono il MST
public string[] StampaMST()
{
  // sicuramente ci sono numCittà - 1 collegamenti nel MST
  string[] output = new string[numCittà - 1];
  int k = 0;
  for (int i = 0; i < numCittà; i++)
  {
    for (int j = 0; j < numCittà; j++)
    {
      if (alberoCollegamenti[i, j])
      {
        output[k] = NomeCittà(i) + " - " + NomeCittà(j);
        k++;
      }
    }
    return output;
  }
}
```

Nel Main() si può effettuare il calcolo del Minimum Spanning Tree con le seguenti istruzioni:

```
ReteFerroviaria r = new ReteFerroviaria(…);
r.CalcolaMST();
string[] albero = r.StampaMST();
for(int i = 0; i < albero.Length; i++)
{
  Console.WriteLine(albero[i]);
}
```

Con la rete ferroviaria dell'esempio si ottiene il seguente output:

Vicenza-Cittadella
Cittadella-Castelfranco
Cittadella-Bassano
Camposampiero-Padova
Mestre-Venezia
Castelfranco-Camposampiero
Castelfranco-Montebelluna
Treviso-Mestre
Treviso-Portogruaro
Montebelluna-Treviso

Si vuole proporre una seconda versione del metodo MST che per questioni di maggiore leggibilità del codice, utilizza la classe Insieme per ricordare quali città sono state inserite nel MST:

```
// classe che rappresenta un insieme di numeri interi
public class Insieme
{
  private int[] insieme;
  private int numValori;

  // per costruire un insieme vuoto
  public Insieme()
  {
    insieme = new int[100];
    numValori = 0;
  }

  // per costruire un insieme contenente i valori
  // compresi tra i due estremi forniti in input
  public Insieme(int valoreIniziale, int valoreFinale)
  {
    insieme = new int[100];
    int valore = valoreIniziale;
    int quantiValori = valoreFinale - valoreIniziale + 1;
    for (int i = 0; i < quantiValori; i++)
    {
      insieme[i] = valore;
      valore++;
    }
    numValori = quantiValori;
  }
```

```
  public int NumValori()
  { return numValori; }

  // metodo che restituisce il valore che si trova nella
  // posizione specificata
  public int Valore(int indice)
  { return insieme[indice]; }

  // appende un nuovo valore all'array
  public void Aggiungi(int valore)
  {
    insieme[numValori] = valore;
    numValori++;
  }

  // rimuove il valore specificato
  public void Togli(int valore)
  {
    // trasferisce tutti gli altri valori in un array di appoggio
    int[] appo = new int[100];
    int k = 0; // indice per il riempimento di appo
    for (int i = 0; i < numValori; i++)
    {
      if (insieme[i] != valore)
      {
        appo[k] = insieme[i];
        k++;
      }
    }
    numValori = k;
    insieme = appo;
  }
}
```

Si riscrive il metodo CalcolaMST():

```
// nella classe ReteFerroviaria

// attributo aggiuntivo per memorizzare il MST
private bool[,] alberoCollegamenti;

// versione che utilizza la classe Insieme
public void CalcolaMST()
{
  alberoCollegamenti= new bool[numCittà, numCittà];
  // imposto l'insieme con i nodi che sono fuori dall'albero
  // si tratta dei nodi da 1 in poi
  Insieme nodiFuoriAlbero = new Insieme(1, numCittà - 1);
```

```
  // imposto l'insieme complementare al precedente
  // con i nodi che sono stati inseriti nell'albero MST
  Insieme nodiAlbero = new Insieme(0, 0);  // il nodo 0

  int numNodiAlbero = nodiAlbero.NumValori();
  // il ciclo procede finchè il numero di nodi dell'albero
  // è minore del numero delle città
  while (numNodiAlbero < numCittà)
  {
    // considero tutti i collegamenti che si originano da un nodo
    // dell'albero e che conducono ad un nodo non ancora facente
    // parte dell'albero
    // e individuo quello con la lunghezza minore
    int min = 999999;
    // indici che identificano il collegamento di lungh. minima
    int indice1 = -1;
    int indice2 = -1;
    for (int i = 0; i < numNodiAlbero; i++)
    {
      // indici che identificano il collegamento corrente
      int k1 = nodiAlbero.Valore(i);
      int k2 = -1;
      int numNodiFuoriAlbero = nodiFuoriAlbero.NumValori();
      for (int j = 0; j < numNodiFuoriAlbero; j++)
      {
        // considero i collegamenti dalla città i alla città j
        k2 = nodiFuoriAlbero.Valore(j);
        if (matDistanze[k1,k2] > 0 && matDistanze[k1,k2] < min)
        {
          min = matDistanze[k1,k2];
          indice1 = k1;
          indice2 = k2;
        }
      }
    }
    // aggiorno l'albero MST:
    // aggiungo il collegamento
    alberoCollegamenti[indice1, indice2] = true;
    // aggiungo il nodo con indice2
    nodiAlbero.Aggiungi(indice2);
    nodiFuoriAlbero.Togli(indice2);
    numNodiAlbero = nodiAlbero.NumValori();
  }
}
```

Liste di adiacenza

Per la memorizzazione dei collegamenti del grafo finora è stata utilizzata una matrice di adiacenza.

Qualora tale matrice fosse molto grande e con molte caselle "vuote", per questioni di efficienza nell'utilizzo della memoria, si potrebbe preferire un array di liste contenenti i nodi collegati, dette anche Liste di adiacenza.

Si tratta di associare a ciascun nodo del grafo, ovvero a ciascuna città della rete ferroviaria, un elenco contenente le città raggiungibili direttamente da essa con annessa l'informazione della distanza del collegamento.

Pertanto per memorizzare la medesima rete ferroviaria dell'esempio trattato occorrerebbero le seguenti strutture dati:

array di città

Vicenza	Padova	Mestre	Venezia	Cittadella	Bassano	Camposampiero	Castelfranco	Montebelluna	Treviso	Portogruaro
0	1	2	3	4	5	6	7	8	9	10

array di liste di adiacenza

0	1, 31	4, 26			
1	0, 31	2, 30	6, 19		
2	1, 30	3, 10	7, 38	9, 22	10, 67
3	2, 10				
4	0, 26	5, 15	6, 15	7, 12	
5	4, 15	6, 21			
6	1, 19	4, 15	5, 21		
7	2, 38	4, 12	8, 17	9, 27	
8	7, 17	9, 21			
9	2, 22	7, 27	8, 21	10, 56	
10	2, 67	9, 56			

Ogni elemento delle liste di adiacenza rappresenta un collegamento e contiene l'indice del nodo di arrivo e la distanza.

Mentre la matrice di adiacenza richiede la memorizzazione di 11*11=121 numeri interi, le liste di adiacenza richiedono soltanto 2*32=64 numeri interi.

In generale, con n nodi, una matrice di adiacenza richiede spazio per n^2 valori interi, mentre con le liste di adiacenza bastano 2kn numeri interi, dove k è il numero medio di collegamenti che si originano da un nodo (per l'esempio trattato si ha $k=32/11\approx3$).

Per la codifica della classe ReteFerroviaria, occorre la classe ListaCollegamenti che a sua volta contiene un elenco di Collegamenti:

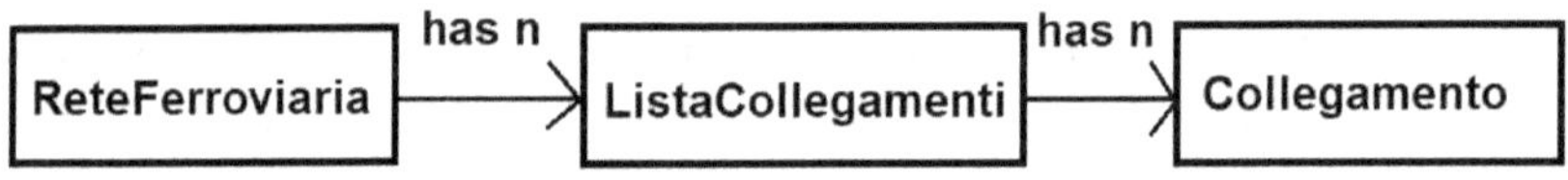

Il Diagramma delle Classi

Il codice delle suddette classi è il seguente:

```
public class Collegamento
{
  private int indiceCittàDestinazione;
  private int distanza;

  public Collegamento(int indiceDestinazione, int dist)
  {
    indiceCittàDestinazione = indiceDestinazione;
    distanza = dist;
  }

  public int CittàDestinazione()
  { return indiceCittàDestinazione; }

  public int Distanza()
  { return distanza; }
}


public class ListaCollegamenti
{
  private Collegamento[] arrCollegamenti;
```

```
  private int numCollegamenti;

  public ListaCollegamenti()
  {
    // si prevedono al massimo 10 collegamenti
    arrCollegamenti = new Collegamento[10];
    numCollegamenti = 0;
  }

  public void Aggiungi(Collegamento g)
  {
    arrCollegamenti[numCollegamenti] = g;
    numCollegamenti++;
  }

  public int NumCollegamenti()
  { return numCollegamenti; }

  public Collegamento LeggiCollegamento(int indice)
  {return arrCollegamenti[indice]; }

  // metodo che restituisce la distanza dalla città specificata
  // e che in assenza di un collegamento restituisce 0
  public int LeggiDistanzaDa(int indice)
  {
    bool trovato = false;
    int i = 0;
    int distanza = 0;
    while (i < arrCollegamenti.Length && ! trovato)
    {
      if (arrCollegamenti[i].CittàDestinazione() == indice)
      {
        trovato = true;
        distanza = arrCollegamenti[i].Distanza();
      }
      i++;
    }
    return distanza;
  }
}



public class ReteFerroviaria
{
  private string[] arrCittà;
  // array di liste di collegamenti associati alle città
  private ListaCollegamenti[] arrListe;
  private int numCittà;
```

```
public ReteFerroviaria()
{
  // si prevedono al massimo 100 città
  arrCittà = new string[100];
  arrListe = new ListaCollegamenti[100];
  numCittà = 0;
}

public int AggiungiCittà(string città)
{
  // aggiunge la città in fondo all'array
  // e ritorna la posizione di inserimento
  int pos = numCittà;
  arrCittà[pos] = città;
  arrListe[pos] = new ListaCollegamenti();
  numCittà++;
  return pos;
}

// metodi per la lettura dei dati dall'esterno
public int NumeroCittà()
{ return numCittà; }

public string NomeCittà(int indice)
{ returnarrCittà[indice]; }

public void AggiungiCollegamento(string città1, string città2,
                                 int distanza)
{
  // controllo se le città sono già inserite nell'array
  // e se non lo sono le aggiungo
  int pos1 = CercaCittà(città1);
  int pos2 = CercaCittà(città2);
  if (pos1 == -1)
  { pos1 = AggiungiCittà(città1); }
  if (pos2 == -1)
  { pos2 = AggiungiCittà(città2); }
  // aggiungo il collegamento
  arrListe[pos1].Aggiungi(new Collegamento(pos2, distanza));
  // e, per simmetria,anche il seguente collegamento
  arrListe[pos2].Aggiungi(new Collegamento(pos1, distanza));
}

public int CercaCittà(string città)
{
  int pos = -1; // non trovato
  int i = 0;
  while (i < numCittà && pos == -1)
```

```
    {
      if (arrCittà[i] == città)
      { pos = i; }
      else
      { i++; }
    }
    return pos;
  }

  // per illustrare il funzionamento di questa classe si
  // propongono i metodi per calcolare la lunghezza di un
  // percorso
  public int LeggiDistanza(string città1, string città2)
  {
    int pos1 = CercaCittà(città1);
    int pos2 = CercaCittà(città2);
    if (pos1 != -1 && pos2 != -1)
    { return arrListe[pos1].LeggiDistanzaDa(pos2); }
    else
    { return 0; }
  }

  public int CalcolaLunghezza(string[] percorso)
  {
    int somma = 0;
    for (int i = 1; i < percorso.Length; i++)
    {
      somma = somma + LeggiDistanza(percorso[i-1], percorso[i]);
    }
    return somma;
  }
}
```

Si noti che nonostante la diversa implementazione della classe ReteFerroviaria, la sua modalità di utilizzo rimane inalterata!

Infatti, grazie all'encapsulation e all'information hiding, ciò che viene esposto della classe ReteFerroviaria sono soltanto i suoi metodi pubblici.

Il metodo Main() crea una piccola rete e la interroga:

```
public class Program
{
  public static void Main()
  {
```

```
    ReteFerroviaria r = new ReteFerroviaria();
    r.AggiungiCollegamento("treviso", "padova", 30);
    r.AggiungiCollegamento("treviso", "venezia", 25);
    Console.WriteLine(r.NumeroCittà()); // 3
    Console.WriteLine(r.CercaCittà("padova")); // 1
    Console.WriteLine(r.LeggiDistanza("treviso", "padova")); //30
    string[] percorso = new string[]{"venezia", "treviso",
"padova"};
    Console.WriteLine(r.CalcolaLunghezza(percorso)); // 55
  }
}
```

A FUTURA MEMORIA

Il .Net Framework fornisce la classe List<T> che agevola la scrittura del suddetto codice, potendo utilizzare nella classe ReteFerroviaria direttamente le liste di collegamenti:

```
// array di liste di collegamenti
private List<Collegamento>[] arrListe;
```

15. Funzioni ricorsive

Una funzione è ricorsiva quando, per effettuare dei calcoli, richiama sè stessa.

La teoria dell'informatica afferma che **tutti i programmi possono essere scritti mediante funzioni ricorsive**.

In sostanza, l'utilizzo di funzioni ricorsive sostituisce l'uso di strutture iterative.

Viceversa, una funzione ricorsiva può sempre essere scritta sostituendo la chiamata ricorsiva con un ciclo di calcoli.

In sostanza, la scelta tra una soluzione di tipo ricorsivo o una soluzione di tipo iterativo è sostanzialmente una questione di forma mentale del programmatore: la prima è più vicina al modo di pensare di tipo dichiarativo di un matematico, mentre la seconda a quello di tipo procedurale di un informatico.

Ad esempio, per calcolare la somma degli n valori contenuti in un array, si può procedere in modo iterativo con un semplice ciclo for, oppure si può pensare la somma di n valori come addizione del primo valore con il risultato della somma dei rimanenti n-1 valori:

$$\text{somma(n valori)} = \begin{cases} 1^\circ \text{ valore} + \text{somma(restanti n-1 valori)} & \text{se } n > 1 \\ 1^\circ \text{ valore} & \text{se } n = 1 \end{cases}$$

Si noti che l'istruzione di chiamata ricorsiva deve essere contenuta all'interno di una struttura condizionale, per consentire ad un certo punto di terminare il circuito delle chiamate ricorsive.

La corrispondente codifica in C# è la seguente:

```
public class Sommatore
{
  // attributi
  private int[] array;

  public Sommatore()
  {
    // carico l'array
    array = new int[]{3,4,7,9,3,21,55,3,21};
  }

  // Soluzione iterativa
  public int CalcoloSommaIterativa()
  {
    int somma = 0;
    for (int i = 0; i < array.Length; i++)
    { somma = somma + array[i]; }
    return somma;
  }

  // Soluzione ricorsiva
  public int CalcoloSommaRicorsiva()
  {
    int n = array.Length;
    return Somma(n);
  }

  // funzione ricorsiva
  public int Somma(int n)
  {
    int primo = array.Length - n;
    if (n > 1)
    { return array[primo] + Somma(n-1); }
    else // si ha n == 1
    { return array[primo]; }
  }
}
```

Per effettuare una prova di calcolo, si scrivono le seguenti istruzioni nel metodo Main():

```
public class Program
{
  public static void Main()
  {
    Sommatore p = new Sommatore();
    int z = p.CalcoloSommaIterativa();
    int w = p.CalcoloSommaRicorsiva();
```

```
    Console.WriteLine(z);  // scrive 126
    Console.WriteLine(w);  // scrive 126
  }
}
```

Un altro esempio classico è dato dal calcolo del fattoriale di un numero intero.

La definizione di fattoriale può essere data in forma iterativa:

$$\begin{cases} \text{fatt}(n) = n * (n-1) * (n-2) * \ldots * 2 * 1 & \text{per } n > 0 \\ \text{fatt}(0) = 1 \end{cases}$$

oppure in forma ricorsiva:

$$\begin{cases} \text{fatt}(n) = n * \text{fatt}(n-1) & \text{per } n > 0 \\ \text{fatt}(0) = 1 \end{cases}$$

Le corrispondenti istruzioni in linguaggio C# sono le seguenti:

```
// versione iterativa
public int Fattoriale(int n)
{
  int fatt = 1;
  for (int i = n; i > 0; i--)
  { fatt = fatt * i; }
  return fatt;
}
```

```
// versione ricorsiva
public int Fattoriale(int n)
{
  if (n > 0)
  { return n * Fattoriale(n-1); }
  else
  { return 1; }
}
```

Il calcolo che viene effettuato mediante la versione ricorsiva consiste sostanzialmente nel tenere in sospeso il risultato della prima chiamata alla funzione Fattoriale, finché si arriva ad una chiamata della stessa funzione che restituisce come risultato un valore.

Ad esempio, si veda il calcolo del Fattoriale di 3:

Fattoriale(3) = 3 * Fattoriale(2) = 3 * 2 * Fattoriale(1) =
= 3 * 2 * 1 * Fattoriale(0) =3 * 2 * 1 * 1 = 6

Operativamente, il computer per effettuare tali calcoli deve tenere traccia in memoria (in uno *stack*) di tutte le chiamate alla funzione Fattoriale che risultano sospese in attesa del valore che le consentirebbe di produrre il risultato da restituire al chiamante.

Esempio classico: calcolo dei termini della successione di Fibonacci.

La successione dei numeri di Fibonacci è la seguente:

1 1 2 3 5 8 13 21 ...

dove i primi due valori sono 1 e i successivi sono dati dalla somma dei due valori precedenti.

La corrispondente definizione ricorsiva è la seguente:

$$\begin{cases} fib(n) = fib(n-1) + fib(n-2) & \text{per } n > 2 \\ fib(1) = 1 \\ fib(2) = 1 \end{cases}$$

La codifica in C# ricalca letteralmente la suddetta definizione ricorsiva:

```
// versione ricorsiva
public int Fib(int n)
{
  if (n > 2)
  { return Fib(n-1) + Fib(n-2); }
  else
  { return 1; }
}
```

Si osserva che, in generale, la scrittura di funzioni ricorsive produce codice più sintetico e più facilmente leggibile rispetto alla scrittura di funzioni iterative.

Per calcolare il sesto valore della successione di Fibonacci con il suddetto metodo ricorsivo, si effettueranno i seguenti calcoli:

Fib(6) = Fib(5) + Fib(4) =
= Fib(4) + Fib(3) + Fib(4) =
= Fib(3) + Fib(2) + Fib(3) + Fib(4) =
= Fib(2) + Fib(1) + Fib(2) + Fib(3) + Fib(4)=
= 1 +Fib(1) + Fib(2) + Fib(3) + Fib(4) =
= 1 + 1 + Fib(2) + Fib(3) + Fib(4) =
= 1 + 1 + 1 + Fib(3) + Fib(4) =
= 1 + 1 + 1 + Fib(2) + Fib(1) + Fib(4) =
= 1 + 1 + 1 + 1 + Fib(1) + Fib(4) =
= 1 + 1 + 1 + 1 + 1 + Fib(4) =
= 1 + 1 + 1 + 1 + 1 + Fib(3) + Fib(2) =
= 1 + 1 + 1 + 1 + 1 + Fib(2) + Fib(1) + Fib(2) =
= 1 + 1 + 1 + 1 + 1 + 1 + Fib(1) + Fib(2) =
= 1 + 1 + 1 + 1 + 1 + 1 + 1 + Fib(2) =
= 1 + 1 + 1 + 1 + 1 + 1 + 1 + 1 =
= 8

Si noti che l'esecuzione dei calcoli è piuttosto inefficiente perché non tiene conto di eventuali valori della funzione Fibonacci già calcolati e ne effettua più volte il calcolo.

La versione iterativa è sicuramente più efficiente ma il codice risulta meno intuitivo:

```
// versione iterativa
public int Fib(int n)
{
  int risultato = 1;  // per n == 1 e n == 2
  int precedente1 = 1;
  int precedente2 = 1;
  for(int i = 3; i <= n; i++)
  {
    risultato = precedente1 + precendente2;
    precedente1 = precedente2;
    precedente2 = risultato;
  }
  return risultato;
}
```

La "TailRecursion"

Una versione ricorsiva più efficiente è basata sulla cosiddetta tecnica della **"tail recursion"** (ricorsione di coda) che consiste nell'effettuare la chiamata ricorsiva come *ultima istruzione* della funzione.

In pratica, ciascun ramo della struttura condizionale contenuta nel metodo ricorsivo termina o con la restituzione di un risultato oppure con una singola chiamata ricorsiva al metodo medesimo.

```
// versione con "tail recursion"
// i parametri precedente1 e precedente2, se non specificati
// dal chiamante, assumono per default il valore 1
public int Fib(int n, int precedente1 = 1, int precedente2 = 1)
{
  if (n > 2)
  { return Fib(n-1, precedente2, precedente1+precedente2); }
  else
  { return precedente2; }
}
```

Si noti come la chiamata ricorsiva porti con sé oltre al valore di n anche i valori precedenti, che sono fondamentali per effettuare i calcoli.

Pertanto, per calcolare il valore del sesto numero di Fibonacci si dovrà chiamare Fib(6, 1, 1), o equivalentemente Fib(6) - dato che i due ultimi parametri sono impostati come facoltativi - che produrrà le seguenti chiamate:

Fib(6) = Fib(6, 1, 1) = Fib(5, 1, 2) = Fib(4, 2, 3) =
= Fib(3, 3, 5) = Fib(2, 5, 8) = 8

Si noti che tutte le funzioni ricorsive possono essere scritte con la tecnica della "tail recursion", a patto che si aggiungano opportunamente dei parametri alla funzione: si tratta dei parametri che tengono memoria del risultato provvisorio calcolato fino a quel momento.

Parametri opzionali e argomenti con nome

Talvolta risulta comodo definire un metodo che prevede di ricevere dei parametri opzionali. Se il chiamante non fornisce un valore per i parametri opzionali, ad essi viene assegnato il valore di default previsto dal metodo stesso.

Esempio:

```
public void Metodo(int richiesto, string opzione1 = "testo",
                   int opzione2 = 1)
{
    // operazioni varie
}
```

Tale metodo può essere chiamato omettendo i parametri opzionali:

```
Metodo(3)  //  equivale a scrivere Metodo(3, "testo", 1)
```

oppure specificando un valore per tutti i parametri:

```
Metodo(3, "ciao", 4)
```

oppure specificando un valore per i primi due parametri:

```
Metodo(3, "ciao")  // equivale a  Metodo(3, "ciao", 1)
```

Il fatto di poter impostare dei parametri opzionali consente di risparmiare la fatica di scrivere diverse varianti del metodo in esame, che differiscono per il numero di parametri richiesti:

```
public void Metodo(int richiesto)
{
   // non vengono impostate le opzioni facoltative
}
public void Metodo(int richiesto, string opzione1)
{
   // è stata impostata solo l'opzione1
}
public void Metodo(int richiesto, string opzione1, int opzione2)
{
   // sono state impostate entrambe le opzioni
}
```

Per maggiore leggibilità si può anche specificare il nome del parametro a cui si assegna il valore:

```
Metodo(3, opzione1:"ciao", opzione2:4)
Metodo(3, opzione1:"ciao")  // si tralascia opzione2
Metodo(3, opzione2:4)  // si tralascia opzione 1
```

Ad esempio si riscrive la funzione Fattoriale con la tecnica della "tail recursion":

```
// versione con tail recursion
public int Fattoriale(int n, int risultato = 1)
{
  if (n > 0)
  { return Fattoriale(n-1, n*risultato); }
  else
  { return risultato; }
}
```

Esempio: calcolo del Fattoriale di 3:

Fattoriale(3) = Fattoriale(3, 1) = Fattoriale(2, 3) = Fattoriale(1, 6) = 6

Osservazione: questo modo di scrivere le funzioni ricorsive produce codice piuttosto efficiente, paragonabile alla programmazione iterativa.

Infatti, non c'è bisogno di tenere traccia in memoria delle chiamate precedenti perché l'ultima chiamata porta con sé tutte le informazioni per ottenere il risultato finale del calcolo!

Approfondimento

In effetti l'efficienza del codice dipende dal compilatore ed in particolare dalla sua capacità di ottimizzare le funzioni che applicano la "tail recursion" in modo da evitare di mantenere uno stack con tutte le chiamate ricorsive e quindi riconducendo di fatto il codice ad una forma iterativa.
Lo schema generale di trasformazione di una "tail recursion" in codice iterativo è il seguente (tratto da
https://www.cs.odu.edu/~zeil/cs361/web/website/Lectures/recursio

nConversion/pages/tailrecursion.html):

```
T tailRecursiveFoo(U x, V y)
{
  if (bar(x, y))
  return baz(x,y);
  else
  {
⋮ // block 1
    return tailRecursiveFoo(w, z);
  }
}
```

diventa

```
T Foo(U x, V y)
{
  while (! bar(x, y))
  {
⋮ // block 1
    x = w;
    y = z;
  }
  return baz(x,y);
}
```

Il compilatore del C# attualmente non applica questa ottimizzazione!

Definizioni ricorsive

E' tipico per l'algebra proporre definizioni ricorsive.
Ad esempio l'operazione di Addizione viene definita nel seguente modo:

sia data la funzione Successore di un numero naturale x:

Succ(*x*) = *x*+1

allora l'addizione di due numeri naturali x e y viene definita come:

Addizione(*x*, *Succ*(*y*)) = *Succ*(Addizione(*x*, *y*))   per y>0
Addizione(*x*, 0)=*x*

ESERCIZIO SVOLTO 17.1

Scrivere un programma che produce gli anagrammi di una parola con lettere tutte diverse.

Ad esempio "ROMA" =>

ROMA, ROAM, RMOA, RMAO, RAOM, RAMO,
ORMA, ORAM, OMRA, OMAR, OARM, OAMR,
MROA, MRAO, MORA,MOAR, MARO, MAOR,
AROM, ARMO, AORM, AOMR, AMRO, AMOR

Gli anagrammi di una parola di n lettere sono in numero pari al fattoriale di n. Per n=4 si hanno 4*3*2*1=24 anagrammi.

Soluzione:

Una possibile strategia risolutiva consiste nel costruire i diversi anagrammi un po' alla volta; si parte dalla parola originaria e si fanno n chiamate ricorsive avendo estratto uno dei suoi n caratteri:

Anagrammi("","ROMA") →
Anagrammi("R", "OMA")
Anagrammi("O", "RMA")
Anagrammi("M", "ROA")
Anagrammi("A", "ROM")

Poi, ciascuna chiamata alla funzione produce a sua volta un certo numero di ulteriori chiamate ricorsive, come ad esempio, da Anagrammi("R", "OMA") si ottengono le seguenti:

Anagrammi("R", "OMA") →
Anagrammi("RO", "MA")
Anagrammi("RM", "OA")
Anagrammi("RA", "OM")

Per facilitare la codifica del programma conviene utilizzare la classe List<T> che rappresenta un array dinamico di dati di tipo T.

Array dinamici

Per gestire un elenco di valori in memoria è preferibile utilizzare come contenitore una struttura dati dinamica, ovvero in grado di far variare automaticamente la propria dimensione in base alle esigenze del programma in esecuzione.
La classe **List<*Tipo*>**consente di creare un array dinamico di valori oppure oggetti di un certo tipo. Il tipo viene specificato in fase di dichiarazione dell'oggetto lista.
Per poter utilizzare questa classe si deve aggiungere la seguente direttiva al compilatore: `using System.Collections.Generic;`
Esempio: creazione di una lista di numeri interi:

```
List<int> listaDiInteri = new List<int>();
```

Per aggiungere un nuovo elemento in coda alla lista si usa il metodo Add(nuovoElemento). Ad esempio:

```
// aggiunta alla lista di 3 numeri interi
listaDiInteri.Add(20);
listaDiInteri.Add(40);
listaDiInteri.Add(60);
```

La proprietà Count fornisce il numero di elementi presenti nella lista.

```
int n = lista.Count; // n vale 3
```

Per leggere un singolo elemento conoscendone la posizione si agisce esattamente come con gli array statici (la numerazione degli elementi parte da 0):

```
int valore = listaDiInteri[0]; // valore vale 20
```

Per effettuare la scansione di tutti gli elementi di una lista conviene usare il ciclo enumerativo foreach:

```
// scansione di tutta la lista
// e calcolo della somma dei valori
int somma = 0;
foreach(int valore in listaDiInteri)
{ somma = somma + valore; }
Console.WriteLine(somma); // scrive 120
```

La corrispondente codifica in C# è la seguente:

```
public class Anagrammi
{
```

```
  private string parola;  // parola da anagrammare
  private List<string>lista;  // gli anagrammi

  public Anagrammi(string s)
  {
    parola = s;
    lista = new List<string>();
  }

  public List<string> LeggiAnagrammi()
  { return lista;}

  public void CalcolaAnagrammi()
  {
    Calcola("", parola);
  }

  // metodo ricorsivo
  // il 1° parametro rappresenta l'anagramma
  // in corso di costruzione (la costruzione avviene
  // aggiungendovi un carattere alla volta)
  // il 2° parametro rappresenta la stringa residuale
  // da cui verranno prelevati i caratteri da
  // aggiungere all'anagramma in costruzione
  public void Calcola(string a, string s)
  {
    if(s.Length> 0)
    {
      for (int i = 0; i < s.Length; i++)
      {
        // si effettuano più chiamate ricorsive:
        // per ciascuno dei caratteri della
        // stringa s, si effettua una chiamata
        // rimuovendo tale carattere dalla stringa s
        // e attaccandolo alla stringa a
        Calcola(a+s[i], s.Remove(i,1));
      }
    }
    else
    {
      // ora l'anagramma è completo
      // pertanto lo aggiungo alla lista degli anagrammi
      lista.Add(a);
    }
  }
}
```

Con il metodo Main() si vogliono produrre gli anagrammi di ROMA:

```
public class Program
{
  public static void Main()
  {
    Anagrammi ana = new Anagrammi("ROMA");
    ana.CalcolaAnagrammi();
    List<string> lista = ana.LeggiAnagrammi();
    foreach(string s in lista)
    { Console.WriteLine(s); }
  }
}
```

L'output è il seguente:

```
ROMA
ROAM
RMOA
RMAO
RAOM
RAMO
ORMA
ORAM
OMRA
OMAR
OARM
OAMR
MROA
MRAO
MORA
MOAR
MARO
MAOR
AROM
ARMO
AORM
AOMR
AMRO
AMOR
```

Una possibile versione con "tail recursion" è la seguente:

```
public class Anagrammi
{
  private string parola;
  private List<string> lista;

  public Anagrammi(string s)
  {
    parola = s;
    lista = new List<string>();
  }

  public void CalcolaAnagrammi()
  {
    List<string> parole = new List<string>();
    parole.Add("-" + parola);
    Calcola(parole);
  }

  public List<string> LeggiAnagrammi()
  { return lista; }

  /*
  La lista degli anagrammi da completare contiene
  stringhe contenenti a sinistra del “-“ la
  parte completata dell'anagramma e a destra
  la parte da completare.
  Si parte con
  -ROMA
  Che poi viene sostituito da
  R-OMA
  O-RMA
  M-ROA
  A-ROM
  Poi si togli l’ultima, ovvero A-ROM
  e la si sostituisce con
  AR-OM
  AO-RM
  AM-RO
  E così via, fino ad anagrammi completi come
  AMOR-
  */
  public void Calcola(List<string> anagDaCompletare)
  {
    // se ci sono anagrammi da completare
    if (anagDaCompletare.Count > 0)
    {
      int ultima = anagDaCompletare.Count-1;
```

```
      // prelevo l'ultima parola
      string s = anagDaCompletare[ultima];
      anagDaCompletare.RemoveAt(ultima);
      int pos = s.IndexOf('-');
      // i caratteri che precedono il '-'
      string s1 = s.Substring(0, pos);
      // i caratteri che seguono il '-'
      string s2 = s.Substring(pos+1);
      if (s2.Length > 0)
      {
        for (int i = 0; i < s2.Length; i++)
        {
          string sinistra = s1 + s2[i];
          string destra = s2.Substring(0, i) +
                          s2.Substring(i+1);
          anagDaCompletare.Add(sinistra + "-" + destra);
        }
      }
      else
      {
        lista.Add(s1);
      }
      // chiamata ricorsiva
      Calcola(anagDaCompletare);
    }
  }
}
```

In pratica la lista degli anagrammi da completare (anagDaCompletare) funge da memoria, che accumula via via il lavoro da svolgere e che un po' alla volta viene svuotata.

ESERCIZIO SVOLTO 17.2

Scrivere un programma che, partendo dalla matrice dei colori dei pixel di una foto bitmap, consente di applicare un nuovo colore alla regione di pixel contigui aventi tutti il medesimo colore del pixel che viene cliccato dall'utente.

Soluzione:

Senza scendere nei dettagli della classe Bitmap del C#, si immagina di avere una matrice di numeri interi e si scrive il metodo ricorsivo Colora() che applica il nuovo colore a partire dal pixel di coordinate x, y.

```
public class Foto
{
  private int[,] mat;  // matrice con i valori dei pixel

  public Foto()
  {
    // caricamento fittizio della matrice,
    // a titolo esemplificativo
    mat= new int[,]{
          {1,1,1,1,1,1,1,1},
          {1,0,0,0,0,1,0,0},
          {0,1,1,1,1,1,1,1},
          {0,0,0,0,0,0,0,1},
          {1,0,0,0,0,1,1,1},
          {1,1,1,1,1,1,1,0},
          {0,0,0,0,0,0,0,0},
          {1,1,1,1,1,1,1,1},
          {0,0,0,0,0,0,0,0}};
  }

  public string Stampa()
  {
    string s = "";
    for (int x = 0; x < mat.GetLength(0); x++)
    {
      for (int y = 0; y < mat.GetLength(1); y++)
      { s = s + mat[x, y] + "";}
      s = s + "\n";
    }
    return s;
  }

  public void Colora(int x, int y, int nuovoColore)
  {
    int colore = mat[x, y];
    mat[x, y] = nuovoColore;
    // tento la propagazione del colore nelle varie direzioni
    // su
    if (x > 0 && mat[x-1, y] == colore)
    { Colora(x-1, y, nuovoColore); }
```

```
    // giu
    if (x < mat.GetLength(0) - 1  && mat[x+1, y] == colore)
    { Colora(x+1, y, nuovoColore); }
    // destra
    if (y < mat.GetLength(1) - 1 && mat[x, y+1] == colore)
    { Colora(x, y+1, nuovoColore); }
    // sinistra
    if (y > 0 && mat[x, y-1] == colore)
    { Colora(x, y-1, nuovoColore); }
  }
}
```

Si noti come a ciascuna chiamata del metodo Colora() seguano 4 tentativi di propagazione della colorazione in direzione su, giu, destra e sinistra.

Ciascuna propagazione viene effettuata con una corrispondente chiamata ricorsiva alla funzione Colora().

Il metodo Main() simula il click nella posizione x=0, y=1, dove attualmente c'è il colore 1, e applica il nuovo colore 3:

```
public class Program
{
  public static void Main()
  {
    Foto f = new Foto();
    f.Colora(0, 1, 3);
    Console.WriteLine(f.Stampa());
  }
}
```

L'output su console è il seguente:

```
33333333
30000300
03333333
00000003
30000333
33333330
00000000
11111111
00000000
```

(Il secondo carattere della prima riga, 3, è evidenziato in grassetto.)

Si noti che la propagazione del colore 3 effettivamente ha coinvolto tutti i pixel di colore 1 che erano contigui al pixel di partenza (evidenziato in grassetto).

Indice analitico

www.ingramcontent.com/pod-product-compliance
Lightning Source LLC
Chambersburg PA
CBHW070328220526
45467CB00001B/78

* 9 7 8 1 7 1 6 7 9 9 2 9 7 *